Aclamación

Betty Williams, Premio Nobel de la Paz.
Un libro sumamente agradable, con un mensaje claro y un impacto poderoso. Escucha a tus hijos, pues tienen mucho que decir.

Cardenal Timothy Dolan, Arzobispo de Nueva York.
Este libro me llena de esperanza para el futuro de nuestros niños y nuestra sociedad. Como el Papa Francisco, Arnold contrarresta la mentalidad «libre de niños» con refrescantes destellos de la alegría y la recompensa que brindan los niños.

W. Bradford Wilcox, Instituto de Estudios de la Familia, Charlottesville, Virginia, EE. UU.
En un mundo donde el tiempo de los niños está dominado por la educación estandarizada y las horas frente a la pantalla, y donde demasiados padres parecen estar consumidos por la carrera hacia la movilidad social ascendente, para ellos y sus hijos, *Su nombre es hoy* aporta una visión alternativa y revitalizadora de los niños, la paternidad y la vida familiar. Johann Christoph Arnold nos recuerda la importancia del juego sin restricciones, el tiempo disfrutado en el mundo natural, y proporcionar a nuestros hijos un estilo de vida que alinee nuestras acciones con nuestros ideales.

Joan Almon, cofundadora de la Alianza por la Infancia. Nueva York, EE. UU.
Estoy muy conmovida na perspectiva profunda, iez y la necesidad de prote a la humanidad. Su tono es :e de los relatos de padres y

Jonathan Kozol, autor de *Amazing Grace. The Lives of Children and the Conscience of a Nation.*

Hermoso… Es la reverencia de Arnold por los niños lo que me encanta.

Dra. Diane M. Komp, profesora emérita de pediatría en la Universidad de Yale.

¿Quién hubiera pensado que habría algo nuevo que decir sobre la niñez? Dejando de lado los argumentos polarizantes, Arnold nos sorprende a cada paso. Un tributo impresionante a la vida familiar.

John M. Perkins, autor de *Let Justice Roll Down,* y *Justicia para todos.*

Este libro bien puede ser la chispa que encienda una nueva pasión, un nuevo compromiso hacia los niños.

Timothy Jones, autor de *Nurturing Your Child's Soul,* decano de la Catedral Episcopal Trinidad.

En nuestra cultura agresivamente determinada, a menudo a los niños se les dejan las sobras de nuestros sobrecargados horarios. Arnold entiende las presiones, pero apunta en otra dirección. Su libro es práctico y persuasivo. Con sus atractivas historias y comentarios, nos inspira a recibir a los niños con gracia y compasión.

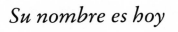

Su nombre es hoy

Otras obras del autor publicadas por
Plough Publishing House

No tengas miedo
En peligro
En busca de paz
Setenta veces siete
Porqué importan los niños
Dios, sexo y matrimonio
La riqueza de los años

www.plough.com

Su nombre es hoy

Recuperando la niñez
en un mundo hostil

Johann Christoph Arnold
Prólogo de Mark K. Shriver
Traducción de Raúl Serradell

Plough Publishing House

Plough Publishing House
Publicado por Plough Publishing House
Walden, Nueva York
Robertsbridge, Inglaterra
Elsmore, Australia
www.plough.com

Traducción de Raúl Serradell

Imagen de la cubierta: Copyright © Corbis Images

ISBN 13: 978-0-87486-642-1
18 17 16 15 14   10 9 8 7 6 5 4 3 2 1

En varios casos se han cambiado los nombres para proteger la confidencialidad de los colaboradores.

Un registro de este libro está disponible en el catálogo de la Biblioteca Británica. Los datos para la catalogación de la publicación en la Biblioteca del Congreso están pendientes.

Impreso en los Estados Unidos de América

Nosotros somos culpables de muchos errores y
muchas faltas,
   pero nuestro peor crimen es el abandono
   de los niños,
   negándoles la fuente de la vida.
Muchas de las cosas que nosotros necesitamos
pueden esperar,
   los niños no pueden, ahora es el momento,
   sus huesos están en formación,
   su sangre también lo está
   y sus sentidos se están desarrollando,
   a él nosotros no podemos contestarle "mañana",
   su nombre es hoy.

Gabriela Mistral
POETISA CHILENA
PREMIO NOBEL DE LITERATURA

Contenido

Prólogo

¡Apuesto que este será el prólogo más breve que jamás vas a leer!

¿Por qué?

Porque no quiero demorarte más de un minuto o dos para que empieces a leer el libro de mi buen amigo Johann Christoph Arnold.

Realmente es muy bueno.

Al igual que Christoph, he tenido el honor de trabajar con niños de todas las edades a lo largo de mi carrera. Durante las vacaciones de verano en la universidad impartí tutorías a estudiantes con problemas en la escuela preparatoria del centro de la ciudad. Después de la universidad, organicé un programa que trabajaba con delincuentes juveniles en Baltimore. En la legislatura de Maryland, como primer presidente del Comité Conjunto de Niños, Jóvenes y Familias, colaboré con expertos nacionales e internacionales sobre el desarrollo infantil y aprobamos una legislación diseñada para ayudar a los niños más pequeños a ingresar al jardín de niños listos para aprender. Durante los últimos doce años, he tenido el privilegio de trabajar con la organización Save the Children (Salvemos a los niños), proporcionando a los niños en los Estados Unidos y alrededor del mundo un comienzo saludable, oportunidades para aprender, y brindándoles protección contra cualquier daño, porque los niños merecen una infancia.

Respecto a mi propio hogar, mi esposa Jeanne y yo hemos estado casados por veintidós años y hemos sido bendecidos con tres hijos: Molly, de 16 años, Tommy, de 14, y Emma, de 9.

Al igual que ustedes, hemos luchado con muchas de las cuestiones que Christoph aborda en este maravilloso libro, desde el impacto de los aparatos electrónicos, las presiones académicas, la falta de tiempo libre para el juego, hasta la violencia y pobreza que los niños enfrentan a diario.

Jeanne y yo frecuentemente discutimos sobre cómo lidiar con esas mismas cuestiones a medida que criamos a nuestros propios hijos. Todo nos está llegando tan rápida y furiosamente que resulta abrumador. Hemos tratado de hacer bien las cosas, realizando numerosos cambios a medida que crecen nuestros hijos.

¡Ojalá Christoph hubiera escrito este libro hace diecisiete años, antes de que Jeanne y yo fuéramos padres! Nos podría haber ayudado en la crianza de nuestros hijos, en la esfera política y en el trabajo.

Las historias que Christoph comparte nos han ayudado a Jeanne y a mí a interactuar con nuestros hijos y sus amigos, y estoy seguro que también le ayudarán a usted en su hogar, en su salón de clases y en su vecindario.

Si quiere descubrir la mejor manera de criar a sus hijos, cómo influenciarlos para que sean más compasivos y considerados, más valientes y confiados, más independientes, seguros de sí mismos y generosos; si quiere que sus hijos sean más amorosos y llenos de alegría, ¡entonces siga leyendo!

Y comparta este libro. Yo ya he compartido con varios amigos mi desgastado manuscrito. Su respuesta fue como la mía. Uno dijo: «Me dan ganas de volver hacia atrás y hacer algunas cosas de manera distinta por mis propios hijos...»

Ya escribí demasiado. Siga leyendo y aprenda de un sabio amigo que ama a los niños al grado de la reverencia y cuyas palabras pueden ayudarnos a todos, cualquiera sea nuestra edad, para dar y recibir gozo.

Mark K. Shriver
Presidente de Save the Children Action Network
Autor de A Good Man: Rediscovering My Father, Sargent Shriver

Prefacio

Es el momento oportuno para un libro
esperanzador sobre la niñez. Vivimos en tiempos difíciles y mucha gente ha perdido la alegría de vivir. Pero
siempre que nos sintamos desanimados, todo lo que
tenemos que hacer es mirar a los niños. Se encuentran
entre los más vulnerables en nuestra acelerada cultura
actual, pero su confianza en nosotros y su incontenible
entusiasmo siempre deben inspirarnos para seguir
adelante.

Ya existen mucho más que suficientes libros sobre
la educación y la paternidad: libros con estadísticas
deprimentes y advertencias alarmantes sobre el futuro
de nuestra sociedad y sus niños.

Pero hay muchas razones para tener esperanza. En
todo Estados Unidos y el resto del mundo, hay gente
que se preocupa apasionadamente por los niños. Pero
que a menudo se sienten agobiados, peleando batallas
solitarias por lo que saben que es correcto y verdadero.
En este libro quiero sumar sus voces a fin de compartir

sus valiosas perspectivas y sus valientes ejemplos.

Este libro está dedicado primero y principalmente a todos los niños, dondequiera que vivan. También está dedicado a los padres y maestros que los cuidan día y noche. Para mí, ellos son los héroes verdaderos, pues cada día están al pie del cañón, afrontando situaciones difíciles.

Todos necesitamos convertirnos en defensores de los niños, padres y maestros, animándoles siempre que podamos y buscando maneras de facilitar su vida.

Un libro no puede cambiar el mundo, pero los padres y maestros sí, cuando aman a cada niño que se les ha encomendado. Por eso este libro está en tus manos. Espero que te anime y renueve escuchar acerca de otros que tienen niños propios o trabajan con ellos diariamente, y que comparten su pasión y compromiso.

La sabiduría reunida en estas páginas está arraigada en las realidades de la vida cotidiana. Eso es lo que me da esperanza. Porque no importa qué tan oscuro parezca el horizonte, nunca debemos olvidar que para nosotros, como para los niños, la oportunidad de un nuevo comienzo se inicia cada mañana.

Johann Christoph Arnold
Rifton, Nueva York

Capítulo 1

El mundo necesita niños

*Si no nos mantenemos en condiciones
de hablar con los niños,
nos convertimos simplemente en máquinas
para comer y ganar dinero.*

JOHN UPDIKE

El llanto de un bebé recién nacido cautiva el corazón humano. Nos dice: «Ámame, ayúdame, protégeme». Como adultos, nos consideramos como los que ayudan y protegen. Pero entre más lo pienso, más me convenzo de que nosotros necesitamos a los niños más de lo que ellos nos necesitan a nosotros.

Los expertos nos informan que la sobrepoblación está destruyendo la tierra. No estoy de acuerdo; son la codicia y el egoísmo los que están arruinando al planeta, no los niños. Ellos nacen para dar, no solo para recibir. También nacen para ser maestros, si somos lo suficientemente sabios para escuchar las

verdades que nos comunican. En medio de nuestras complejas vidas como adultos, debemos dedicar
tiempo para recibir las lecciones que solamente los
niños pueden enseñar.

Los niños demandan honestidad y sencillez. Ellos
esperan que las palabras armonicen con los hechos.
Aunque los niños se puedan enojar rápidamente,
perdonan igual de rápido, brindando a los demás el
elevado don de la segunda oportunidad. Los niños
tienen un fuerte sentido de justicia y juego limpio.
Miran todo con ojos nuevos, y nos señalan la increíble
belleza del mundo que nos rodea.

Imagina lo que sucedería si aplicáramos esos valores
a nuestro gobierno, la política exterior, los modelos
corporativos de las empresas, las decisiones ambien-
tales y la teoría educativa.

Una sociedad que no les da la bienvenida a los niños
está condenada al fracaso. Sin embargo, las cosas no
parecen estar a favor de los niños o de quienes los
cuidan, sean padres o maestros. Mientras el abismo
entre ricos y pobres se sigue ensanchando sin parar,
más y más familias difícilmente pueden siquiera suplir
necesidades básicas como vivienda y seguro médico.
En muchas ciudades, la condición desesperada de las
familias ha requerido el aumento del cuidado infantil

a 24 horas al día. Padres y madres que trabajan largas
jornadas laborales no tienen más remedio que entregar
a sus hijos al cuidado de otros, quienes deben asumir
muchas tareas tradicionales de la crianza de los hijos,
como vestirlos, darles el desayuno, cuidarlos cuando se
enferman o acostarlos en la noche.

Paralelamente, se están imponiendo a maestros y
alumnos decisiones políticas, recientes y no probadas,
que amenazan la originalidad de los niños y sus habilidades. Las voces de oposición raramente llegan a los
oídos de aquellos que promueven esas decisiones.

Beverly Braxton, una maestra y consultora para
padres retirada, ha trabajado en favor de los niños
durante décadas. Ella resume nuestro dilema actual:

> Le pregunto a la gente en mi comunidad qué es lo que
> más les preocupa de criar a los niños en el mundo de
> hoy. La mayoría señala una lista de inquietudes simi-
> lares: la cantidad de tiempo ocupado en la televisión,
> la Internet y los aparatos electrónicos, la exposición de
> los niños al contenido sexual y la violencia, la carencia
> de tiempo familiar y el apresuramiento para comer, el
> estrés relacionado con la excelencia académica, y los
> niños que están menos interesados en pasar tiempo
> al aire libre. Pero, cuando les pregunto si tienen ideas
> sobre cómo responder a esos problemas, todos los

que me escuchan parecen encoger sus hombros en frustración.

La resignación puede ser una respuesta entendible ante esta maraña de males. Pero no es la única respuesta. Aunque todas estas preocupaciones parezcan demasiado grandes para enfrentarlas al mismo tiempo, por lo menos cada uno de nosotros puede comenzar con los niños que conoce.

Mi esposa Verena y yo crecimos en familias grandes y fuimos bendecidos al tener ocho hijos. Dios también nos ha dado, hasta ahora, cuarenta y cuatro nietos y un bisnieto. Estamos agradecidos por cada uno de ellos.

Durante nuestro matrimonio de casi cincuenta años, hemos viajado juntos por todo el mundo. Hemos estado en muchos países en desarrollo así como en zonas de guerra como Ruanda, Iraq, Gaza e Irlanda del Norte durante «Los conflictos». En cada uno de esos viajes, hemos conocido a cientos de niños. En sus escuelas, hemos visto la gran determinación que tienen, a pesar de los escasos fondos. Con sus ojos llenos de ganas de aprender, esos alumnos nos mostraron lo que estaban aprendiendo, entonaron canciones y nos hicieron sentir bienvenidos. Algunos habían recorrido muchos kilómetros para recibir el privilegio de una educación. El hambre y la dificultad que muchos habían sufrido no estaban dibujadas todavía en sus rostros.

Lo que vimos en algunas de las naciones más empobrecidas es que a los niños se les considera un tesoro nacional. Ellos no son solamente los herederos de un nombre familiar, sino que representan el futuro de toda la civilización. Incluso en las aldeas más desposeídas había una escuela ubicada en el centro, construida con el esfuerzo de la comunidad y usando los materiales que a duras penas lograron conseguir.

Cada vez que regresamos a Estados Unidos, experimentamos un choque cultural. La sociedad occidental está impulsada por el dinero, pero considerablemente poco llega a las escuelas y centros de cuidado infantil. ¿Son los centros de aprendizaje el centro de la vida de la comunidad? ¿Los niños son considerados un tesoro nacional? En términos de futuros generadores de ingresos con poder adquisitivo, sí. Pero como individuos únicos que ofrecen esperanza para la renovación de la civilización, no mucho. De hecho, a menudo la discusión se enfoca totalmente en las ventajas y desventajas de tener niños: los riesgos financieros, los altísimos costos de la atención médica y las cargas de los gastos educativos.

Cuando hablé con mis vecinos Steve y Shannon, quienes tienen cuatro hijos, acerca de esta tendencia a ver a los niños solo en términos económicos, Shannon respondió con firmeza:

> Desafortunadamente cuando los medios de comunicación y el mundo que nos rodea nos dicen que «un niño cuesta mucho dinero», eso pone una pesada carga de estrés sobre la gente. Tú tienes que preguntarte «¿Cuánto amor puedo dar?», en lugar de «¿Cuánto dinero tengo?».
>
> La mayoría de los padres, cuando ven a su bebé por primera vez, no dicen: «¡Regrésalo!», o «¡No la quiero!». Sería muy difícil encontrar un padre que no mire a los ojos a su hijo y sienta un amor instantáneo, una incontenible sensación de gozo.
>
> ¿Qué de bueno tiene ser feliz si no tienes a alguien con quien compartirlo? ¿Será posible tener gozo solo para ti, un gozo egoísta? Se trata de dar; mientras más niños tengas, más alegría habrá para extenderla y multiplicarla.

A pesar de lo que el movimiento «libre de niños» pudiera hacernos creer, tener niños hoy es normal, es bueno y es natural. La paternidad no debe ser vista como un riesgo financiero insuperable o una enorme carga psicológica y emocional. No es algo solo para los expertos. Pero se *necesita* un corazón de amor por los niños y una disposición a sacrificarse por ellos. Sin esa disposición para el sacrificio, ¿cómo podemos experimentar el sentido de la vida?

Por supuesto, existe mucha gente que está demasiado familiarizada con el sacrificio, trabajando en circunstancias difíciles o en trabajos peligrosos con sueldos bajos. Puedes esperar que ellos argumenten que en un mundo peligroso y aterrador resulta simplemente muy difícil proteger a alguien tan indefenso como un niño. Pero una conversación reciente que tuve con un joven policía también desafía esa idea.

Entre mis varias responsabilidades pastorales, sirvo como capellán para varios destacamentos de policía locales y estatales. Esto me da la oportunidad de unirme a ellos en el servicio a los más necesitados en mi condado y en el estado. Mark, uno de los oficiales que yo aconsejo, estuvo involucrado en un serio altercado con un joven problemático que tenía significativas órdenes de arresto pendientes. Cuando se trató de detenerlo y mantenerlo en custodia la situación se tornó violenta.

Durante la sesión de asesoría después del incidente, Mark compartió conmigo la manera tan profunda en que esta experiencia le había afectado. Él y Rita, su

prometida, reconsideraron sus prioridades y decidieron casarse un año antes de lo planeado. De hecho,
tuve el honor de hacer la oración de bendición en su
matrimonio, y posteriormente bendecir la llegada de
su primer hijo. Mark compartió sus pensamientos
sobre la paternidad:

> Nosotros siempre pensábamos sobre tener hijos.
> Nuestro temor principal era por su futuro. ¿Vivirán
> en un mundo de caos, incapaces de disfrutar su creci-
> miento y temiendo siempre por sus vidas? ¿Cuál será
> la tasa de sobrevivencia en el futuro? Comprendimos
> que necesitábamos criar niños con actitudes y valores
> morales correctos: «soldados del mañana». Depende
> de nosotros criar a nuestros hijos de manera que sean
> lo que queremos que el mundo sea. Mi contribución al
> mañana es enseñar a mi hijo valores como la diferencia
> entre lo bueno y lo malo. Aunque sea escalofriante ver
> como el mundo se va al infierno, al menos puedo hacer
> algo por una persona.
>
> Nosotros no vamos a estar aquí para siempre.
> Tenemos que transmitir lo que podamos, porque de
> lo contrario todo se queda aquí. Aprendí mucho de
> mi abuelo. Él seguramente se molestaría si todo el
> conocimiento y las lecciones de vida que compartió
> terminaran conmigo. Así que me siento aliviado que

voy a transmitirlo a otra generación. Mi hijo puede recibirlo y, así lo espero, pasarlo a sus propios hijos. La paternidad es una aventura de altas y bajas, como la montaña rusa. No siempre es fácil, pero tampoco siempre va a ser difícil. Las gratificaciones recompensan los costos que tienes que pagar. Las cosas que recibes a cambio tienen mucho mayor peso que la «carga» de no poder ir al bar a tomar un trago o de hacer cualquier otra cosa que quisieras. Nada supera el sentimiento de tener sus brazos alrededor de ti. Solo mirar a un niño a los ojos y saber que tú eres la razón de que estén aquí, verlos explorar el mundo... no hay palabras que puedan expresar esa clase de sentimientos. La parte de mí que estuvo encerrada por muchos años ahora está resurgiendo y estoy aprendiendo de nuevo cómo jugar como un niño.

Enfrento realidades duras cada día. Pero llegar a casa en la noche y sentarme simplemente ahí mirando a mi hijo dormir, eso hace que el mundo esté bien.

Los escépticos dirán que hablar sobre tener hijos es una cosa para una familia con dos padres y dos empleos. Pero escucho el mismo mensaje de alguien que no tiene esos beneficios. Lisa, una enfermera de cuidado en el hogar, crió sola a su hija.

Mis amigos me siguen preguntando cómo lo hice yo sola. Todavía no estoy segura de cómo responder.

Podría decir que fue duro. Podría decirte que comíamos cuando teníamos algo que comer, y en ocasiones fue solo una vez al día. Podría contarte sobre compartir el colchón frente al calentador descompuesto. Pero mi hija, que ya tiene diecinueve años, contaría una historia diferente: cómo nos reíamos hasta voltear el calentador, cómo llorábamos abrazadas. Por supuesto, ella hubiera querido tener un papá. Claro, yo siempre oraba por él, pero nunca regresó. Pero ¿dónde estaría yo sin ella? No pienso que yo lo hubiera logrado sola. Y detesto pensar en el mundo sin ella.

No todo niño es tan afortunado como la hija de Lisa, criada por una madre valiente y emprendedora, o como el hijo de Mark, con dos padres firmes y decididos en un hogar seguro. Pero lo que yo he descubierto es que los niños siguen siendo niños en el corazón, aun aquellos que han sido privados de su infancia. Pueden ser incluso víctimas de abuso, adicciones o de familias deshechas. Aunque están marcados emocionalmente, ellos te miran con tanta esperanza. Tú puedes ver las preguntas en sus ojos: «¿Qué puedes hacer por mí?». «¿Cuál es mi lugar en este mundo?». Con los años he aprendido que cada niño tiene una historia que contar. Cada una de sus

historias necesita ser contada a alguien que tenga
el tiempo para escuchar: un padre, una madre, un
maestro confiable, un consejero.

Mi esposa y yo somos cofundadores de un
programa llamado Breaking the Cycle (Rompiendo el
ciclo), el cual busca aportar en las escuelas la respuesta
positiva de la resolución no violenta del conflicto y
del perdón, donde el temor a los tiroteos escolares, así
como la violencia de las pandillas y el acoso escolar,
están afectando a niños, padres y maestros. En algunas
asambleas, hablamos ante varios miles de estudiantes.
Contemplar ese mar de rostros infantiles resulta esti-
mulante, pero también aleccionador. Cada asamblea me
recuerda el dicho hasídico: «Si salvas un niño, salvas al
mundo». Es crucial decirles a los niños que son importantes; que estamos aquí para ellos y para amarlos.

Hashim Garrett se ha convertido en el orador principal en este programa. A la edad de quince años fue
baleado seis veces en un ataque relacionado con las
pandillas que lo dejó parcialmente paralizado desde la
cintura hacia abajo. Al principio, estaba lleno de ira y
deseos de venganza. Pero, con el tiempo, comprendió
que perdonar al que le disparó lo liberaría de la
trampa del odio, y le daría la oportunidad de ayudar
a otros.

Como un musulmán devoto, Hashim dice que su fe
le ha guiado hacia el perdón. También les ayudó a él y
a su esposa a tomar decisiones cruciales respecto a su
hogar a medida que luchaban con las dificultades de
criar una familia de manera responsable:

Soy bendecido de tener a Mia, una esposa preciosa, y
dos hijos maravillosos. Ser un esposo con discapacidad
es una prueba. Hay cosas que no puedo hacer con mi
esposa y mis hijos. En las vacaciones, no puedo jugar
en el mar con mis hijos. No puedo enseñarles cómo
usar una bicicleta. Pero mis hijos saben que su padre
los ama muchísimo. He aprendido que la cantidad de
nuestras posesiones no es lo verdaderamente importante; sino la calidad del tiempo que pasamos juntos.
Cuando estoy en casa juego con ellos, los abrazo, los
baño, les doy de comer, leo con ellos y, mucho más
importante, oramos juntos.

Cuando inscribimos a nuestra hija de dos años en
el centro de cuidado infantil, fue con una incontenible sensación de vulnerabilidad; por primera vez
dejaríamos a nuestra única hija al cuidado de gente
extraña. Parecía algo totalmente inevitable. Harmony
asistía al centro infantil nueve horas al día mientras
yo trabajaba y Mia iba a la escuela. Después de un
tiempo comenzamos a notar en Harmony cambios de
conducta y personalidad. Lloraba y hacía rabietas, y

no quería ir a la escuela en la mañana. Ya no era la niña que conocíamos.

Mi esposa consideró seriamente dejar su entrenamiento para quedarse en casa con Harmony. Al principio, yo estaba muy preocupado sobre el desarrollo social de Harmony y nuestra falta de experiencia en cuanto a la enseñanza. Solo imaginaba a nuestros familiares y amigos preguntando: «¿Por qué quieren sacar a su hija de la guardería?» Luego estaba el sacrificio económico que requería que uno de los padres se quedara en casa, mientras el otro trabajaba tiempo completo.

Pero todo llegó a un momento crítico. Con nuestra familia gastando la mayor parte del día alejados unos de otros, estábamos usando nuestras reservas físicas y emocionales en otras cosas más que en nuestra propia familia. Extrañábamos la risa en nuestro hogar. Finalmente decidimos comenzar la educación en el hogar para Harmony.

Nuestra decisión ha transformado nuestro hogar en un lugar donde todos estamos aprendiendo. Mi esposa y yo aprendemos a tener paciencia con nuestros hijos. Aprendemos a amar, reír y valorar las cosas pequeñas. Aprendemos a perdonarnos unos a otros.

Hashim y Mia consideraron todas las dificultades que se desplegaron contra ellos: la discapacidad de

Hashim, sus desafíos económicos y las necesidades de sus hijos. Luego escogieron, con plena conciencia, poner en primer lugar a sus hijos. Para ellos, nada era más importante que estar juntos y comenzar bien en esos preciados primeros años.

El presidente Franklin D. Roosevelt enfatizaba con frecuencia esta tarea esencial de las familias en la sociedad:

> Todos reconocemos que el espíritu dentro del hogar es la influencia más importante en el crecimiento del niño. En la vida familiar el niño debe primero aprender a tener confianza en sus propias fuerzas, respeto a los sentimientos y derechos de otros, el sentimiento de seguridad y buena voluntad mutua, y la fe en Dios. Las madres y los padres, según la clase de vida que construyen dentro de las cuatro paredes del hogar, son en gran parte responsables de la futura vida pública y social del país.
>
> Simplemente como no podemos cuidar del niño separado de la familia, pues su bienestar está ligado con muchas otras instituciones que influyen en su desarrollo: la escuela, la iglesia, las agencias que ofrecen alternativas útiles para el tiempo libre… Y el dinero y arduo trabajo que va hacia esas empresas públicas y privadas son reembolsados muchas veces.[1]

Como nación, ¿qué tanto nos hemos alejado de esta visión? Criar niños y educarlos requiere valor, pero las recompensas son enormes. Padres y maestros pueden dejar un legado que no será olvidado. Pero no se queda ahí. Necesitamos hablar más allá de los límites del hogar o del salón de clases.

En nombre de todos los niños, necesitamos cambiar radicalmente nuestras prioridades nacionales, poniendo el gasto gubernamental para la niñez en primer lugar, y las armas y las bombas en el último... si acaso las incluimos. Construir nuevas escuelas, no nuevas prisiones, esto podría multiplicarse a lo largo del país, y los políticos podrían ganar sobre una plataforma más creativa en favor de la educación, no con el enfoque más duro contra el crimen o con una política exterior más beligerante.

El mundo necesita niños, pero ellos también nos necesitan. Les debemos más que la mera sobrevivencia. En palabras del poeta indio Rabindranath Tagore:

> Los niños son seres vivientes, más vivos que los adultos, quienes han construido corazas de hábitos a su alrededor. Por lo tanto, es absolutamente necesario para su desarrollo y salud mental que los niños tengan no solo escuelas para sus lecciones, sino un mundo cuyo espíritu guía sea el amor personal.[2]

Cada día nacen niños nuevos en nuestro mundo y, como escribe Tagore, cada uno trae «el renovado mensaje de que Dios no ha perdido la fe en la humanidad». Es un pensamiento místico, pero conlleva un desafío también. Si el creador no ha perdido su esperanza en nuestra humanidad, ¿quiénes somos nosotros para perderla?

Capítulo 2

El juego es el trabajo de los niños

*El juego es la máxima expresión
del desarrollo humano en la niñez,
por sí solo es la libre expresión
de lo que hay en el alma del niño.*

FRIEDRICH FROEBEL

La verdadera educación no puede ser forzada, un niño tiene que desear aprender. Este anhelo a menudo está encerrado profundamente en su interior, y la tarea del maestro es descubrirlo y fomentarlo. Pero la enseñanza probablemente nunca antes ha sido tan difícil como ahora. Cada día, muchos niños pasan más horas con quienes los cuidan que con sus propios padres. Con frecuencia los niños provienen de hogares divididos y llegan a salones de clases que no tienen mucho personal ni muchos recursos. Estos niños entran al salón con actitudes rebeldes y defensivas, bloqueando a los maestros por el temor de ser traicionados por otra figura más de autoridad.

Sin embargo, la función del maestro ahora es más importante que nunca, y la parte más crucial de su trabajo no es académica. Tenemos que dejar que los niños sean niños por el mayor tiempo posible. Necesitan tiempo para inhalar y exhalar. Necesitan jugar. Los niños no son computadoras o robots que pueden ser programados de acuerdo con nuestros deseos; tienen un corazón y un alma, no solo un cerebro.

Friedrich Froebel, quien creó el concepto del *kindergarten* o jardín de niños, fue un educador alemán del siglo xix, cuyo don más notable fue su habilidad para ver la vida a través de los ojos de un niño. Por eso, casi 200 años después, su filosofía educativa tiene sentido para cualquiera que ame a los niños. Cuando él acuñó el término *kindergarten*, literalmente quiso decir «un jardín de niños», donde cada niño es cultivado e instruido con el mismo amor y cuidado que se le da a una planta. Él sabía que los humanos son seres esencialmente creativos y compasivos, y que la educación debe involucrar el desarrollo de esos rasgos de la personalidad.

Froebel hablaba frecuentemente sobre la importancia del juego de los niños: «Un niño que juega meticulosamente y con perseverancia, hasta el límite del cansancio físico, será un adulto con determinación, capaz del autosacrificio por su propio bienestar y el de los demás».

He escuchado esta cita toda mi vida, pues mi madre, Annemarie, era tataranieta-sobrina de Froebel. Mis padres a menudo hablaban sobre su percepción de la niñez. De hecho, la escuela de Froebel en la pequeña aldea alemana de Keilhau fue dirigida por la familia de mi madre por muchos años, hasta que los nazis la expropiaron para uso militar.

Mi madre mantuvo viva la visión de Keilhau durante los años de guerra, mientras su familia emigraba de Alemania a Inglaterra, luego a Paraguay y finalmente a Estados Unidos. Debido a su compromiso hacia esa herencia educativa, mis propios hijos y nietos y muchos otros más se han beneficiado del enfoque de Froebel. Y hemos visto que sí funciona.

En *Froebel's Educational Laws for All Teachers*, el educador James Hughes condensa mucho de la sabiduría de Keilhau en pensamientos que son fáciles de entender hoy:

> Froebel se opuso a todo sistema que magnificara el conocimiento a expensas del niño, y su vida entera fue una protesta contra los procesos de «estampar y

moldear» de los maestros que fallaban en reconocer
lo sagrado de la individualidad del niño. Lo que él
valoraba no era el poder, sino el poder creativo. Él
apuntaba a que sus pupilos hicieran mucho más que
simples «máquinas» y, como él mismo lo expresó tan
bien, hacer de ellos «personas libres, independientes
y pensantes».[1]

Algunos de los grandes visionarios de la educación en
Estados Unidos estudiaron y construyeron sobre la
filosofía de Froebel. Elizabeth Peabody fue una pieza
fundamental en el establecimiento de jardines de niños
a lo largo de Estados Unidos. Caroline Pratt inventó el
concepto de bloques de madera para construir en 1913
y comenzó City & Country School el año siguiente.
Lucy Sprague Mitchell fundó el Bank Street College
of Education con su enfoque sobre los primeros años.
Estas mujeres marcaron el camino para el desarrollo
del aprendizaje a través del juego, y sus escuelas
todavía siguen en pie, destacándose como modelos
educativos del «niño integral», enfatizando la actividad
física y la expresión creativa.

   Hoy los promotores del juego y la exploración
se encuentran en todas partes. De hecho, todos los
buenos maestros saben que el juego es, por sí mismo,
insustituible en la vida del niño. No solo es el mejor

método para la educación temprana, sino que también es esencial para el crecimiento del espíritu del niño. De alguna manera, jugar no debería requerir mayor defensa, pues define a la niñez. Sin embargo, en su documento *Crisis in the Kindergarten,* publicado por la Alliance for Childhood (Alianza por la Infancia) Edward Miller y Joan Almon informan que el juego continúa desapareciendo de las vidas de los niños más pequeños. Respaldan su afirmación con estudios y evidencia convincente, y resumen sus hallazgos con estas palabras:

Muy pocos estadounidenses son conscientes de las formas en que los jardines de niños han cambiado radicalmente en las dos últimas décadas. Los niños ahora pasan más tiempo siendo enseñados y examinados sobre destrezas en lectura, escritura y matemáticas que en el aprendizaje a través del juego y la exploración, ejercitando sus cuerpos y usando su imaginación. Muchos jardines de niños utilizan un plan de estudios altamente prescriptivo, ajustado a nuevas normas educativas estatales, con pruebas de rendimiento estandarizadas. En un creciente número de jardines de niños, los maestros deben seguir un guión del cual no deben apartarse. Estas prácticas, que no son basadas en la investigación, violan los

principios largamente establecidos del desarrollo
infantil y la buena enseñanza. Resulta cada vez más
claro que están comprometiendo tanto la salud de los
niños como sus perspectivas de éxito a largo plazo en
la escuela.[2]

Algunos de los peores cambios se han originado en
los programas académicos exigidos por el gobierno,
que privan a los niños de la oportunidad de aprender
a través del juego y cargan a los maestros con más
presión y papeleo. Cuando observo que esta tendencia
aumenta cada año, estoy de acuerdo con el comentario
de Albert Einstein: «Es un milagro que la curiosidad
sobreviva en la educación formal».

Los motivos detrás de la estandarización a menudo
suenan bien. Los políticos dicen que quieren «arre-
glar» nuestro inservible sistema educativo para que
nuestros niños puedan competir a nivel mundial.
Hablan de regresar a los fundamentos, dominando
las tres *erres* (lectura, escritura y aritmética), y docu-
mentando la evaluación de los resultados. Y muchos
de esos mandatos son el resultado directo de padres y
votantes que demandan un cambio.

Pero debemos mirar más detenidamente la clase
de cambio que necesitan los niños. Los programas
impuestos desde las esferas políticas distantes llegan

con sus condiciones. El papeleo adicional sustrae a los maestros de los niños que necesitan su atención. Los niños están desconcertados por pruebas y diagnósticos a una edad en la que deberían estar jugando. Al parecer, los que toman las decisiones ignoran la sabiduría de los maestros, quienes podrían decirles —y lo han hecho— cómo aprenden los niños.

Un ejemplo de esto es la reciente carta de renuncia de una maestra, Susan Sluyter, publicada en *The Washington Post:*

> Les escribo hoy para notificarles que estoy renunciando a mi posición como maestra de pre-kinder y jardín de niños en las escuelas públicas de Cambridge. He llegado a esta decisión con una profunda tristeza, pues he amado mi trabajo, mi comunidad escolar, las familias y la increíble y dedicada facultad con la que he estado conectada en todo el distrito durante los últimos 18 años.
>
> En esta perturbadora era de pruebas y recopilación de datos en las escuelas públicas, he visto mi carrera transformada en un empleo que ya no se ajusta a mi comprensión de cómo aprenden los niños y qué debe hacer un maestro en el aula para construir un ambiente sano, seguro y apropiado para el desarrollo del aprendizaje de cada uno de nuestros niños.

Durante los últimos años, he experimentado
las mismas exigencias que todos los maestros en el
distrito. He observado cómo mis requisitos de trabajo
me han desplazado del enfoque en los niños, de sus
estilos individuales de aprendizaje, sus necesidades
emocionales, sus familias particulares, sus intereses y
fortalezas; hacia un enfoque centrado en las pruebas,
la evaluación y las calificaciones de los niños más
pequeños, incrementando de esta manera las exigencias
académicas y las presiones sobre ellos. Cada año, me
han obligado a dedicar más tiempo asistiendo a clases
y talleres para aprender sobre las nuevas demandas
académicas, que resultan ser más de primer y segundo
grado que de jardín de niños y pre-kinder.

He tenido que programar y asistir a más y más
reuniones sobre los comportamientos extremos y las
necesidades emocionales de los niños en mi salón de
clases, que cada vez son más frecuentes. Reconozco
que muchas de esas conductas representan la manera
en que los niños gritan a los adultos en su mundo:
«¡No puedo hacer esto! ¡Mírame! ¡Entiéndeme!
¡Ayúdame! ¡Obsérvame!». En años recientes, he
cambiado mi práctica para destinar el tiempo necesario
a enfocarme en todas las obligaciones que vienen de
arriba. Cada año hay más. Cada año he tenido menos
y menos tiempo para enseñar a los niños que amo en

la forma que conozco mejor, y en la manera que recomiendan los expertos en el desarrollo infantil. El año pasado llegué al punto en que comencé a sentir que ya era parte de un sistema inútil que estaba causando daño a esos mismos niños a quienes debería servir. Estuve tratando de sobrevivir en una comunidad de colegas que también estaban luchando por hacer lo mismo: adaptarse y sobrevivir, continuar manteniéndonos mientras pudiéramos, y afirmar lo que creíamos que era una enseñanza de calidad para una primera infancia en el salón de clases. Comencé a sentir un profundo sentido de pérdida de integridad. Sentí que mi espíritu, mi pasión como maestra, desaparecían. Sentí la ira crecer dentro de mí. Sentí que necesitaba sobrevivir buscando otra cosa y dejar la comunidad que amo muchísimo. No sentí que estaba dejando mi trabajo. Lo que siento, entonces y ahora, es que mi trabajo me ha dejado a mí.[3]

Muchos otros maestros sienten lo mismo. Pero las políticas públicas están contra ellos, y se sienten obligados a salir de su campo. La enseñanza requiere un gran amor, sabiduría y paciencia. Requiere tiempo descubrir lo mejor en cada niño, y luego extraerlo para que florezca. ¿Qué sucede cuando a los maestros se les despoja de ese precioso tiempo? ¿Cuándo tendrán la oportunidad de construir una relación con cada niño a través de la simple interacción y del juego, que es cuando realmente se producen los mejores momentos de la enseñanza?

En Australia, la educadora Maggie Dent habla valientemente en defensa del juego:

> El juego no estructurado pero centrado en el niño tiene enormes beneficios para los niños pequeños, y esos beneficios no pueden ser examinados mediante estándares de comparación y rendimiento. Nuestra capacidad para ser pensadores creativos e innovadores y resolver problemas proviene de usar nuestro propio procesamiento mental para explorar el mundo. ¿Cuánto necesitamos valorar el pensamiento crítico, dada la velocidad del cambio tan generalizado en nuestro mundo moderno? No hay respuestas en los libros de texto sobre cómo manejar el cambio inesperado, y por esa razón estamos incapacitando a nuestros niños al robarles su capacidad de usar el juego para aprender, explorar, cuestionar y resolver problemas sin la ayuda de un adulto. Ellos tienen la capacidad biológica innata para aprender de sus experiencias, siempre y cuando esas experiencias sean cautivantes e interesantes.[4]

Cada año los niños son presionados cada vez más para hacer «demasiado, y demasiado pronto». Pero es inspirador escuchar historias de educadores que tuercen o incluso rompen las reglas por el bien de los niños. La Dra. Sherone Smith-Sánchez, una administradora educativa en la ciudad de Nueva York, comparte su historia:

> Mi esposo y yo nos rehusamos rotundamente a dejar que nuestro hijo fuera sometido a las pruebas del estado de Nueva York. Elegimos que no participara cuando estaba en tercer grado, y de nuevo este año en cuarto grado. Como educadores, estamos convencidos de que es demasiado joven para entender el concepto de prueba, en relación a lo que un niño desconoce al principio del año y sobre lo que después será examinado para verificar lo que haya memorizado o no, al final del año.
>
> Tales pruebas a una edad tan temprana no sincronizan con nuestras aspiraciones de que nuestro hijo se convierta en un pensador crítico y en un aprendiz de por vida. Sabemos que los niños aprenden por asociación y acción práctica. También sabemos que si la culminación de su experiencia educativa de este tercer o cuarto grado es una prueba, entonces nuestro hijo sentirá ansiedad cada vez que se espere que comparta su conocimiento en el futuro. Hemos decidido no apoyar esta injusticia a su edad. Hemos compartido nuestra simple protesta con otros, y continuaremos

animando a otros padres y educadores para que expresen su opinión.

Madeleine, una madre del área suburbana de Connecticut, cuenta sobre su búsqueda de una alternativa que sea amigable para los niños:

> Al final, varias familias jóvenes nos unimos para crear nuestro propio jardín de niños, de modo que pudiéramos postergar el área académica, al menos hasta el primer grado, ocupando mucho más tiempo al aire libre y «aprendiendo con nuestras manos». La mejor parte de nuestra pequeña escuela es su ubicación dentro de un centro de cuidado para adultos mayores o personas de la tercera edad, donde nuestros niños interactúan diariamente con los ancianos, escuchando sus fascinantes historias, convirtiéndose en compañeros de lectura y almuerzo, jugando a batear la pelota con los residentes en la sección Alzheimer.
>
> En lugar de aprender el abecedario memorizando un gráfico de la pared, lo aprenden jugando bingo con personas de 80 años. Quizá no estén tan avanzados en sus estudios como los niños de las escuelas públicas, pero como padres no estamos preocupados. Los niños están borboteando en curiosidad, entusiasmados para absorber nuevas ideas y listos para aprender «lectura, escritura, y aritmética» mientras lo aplican a su experiencia.

Observo a mi hija de cinco años conversando con una abuela que ahora solo puede hablar con sus ojos y sus sonrisas. Está encorvada y arrugada, necesita una silla de ruedas, y está tan llena de vida como la preescolar a su lado. Al otro lado del cuarto está el abuelo que dice todo lo que le viene a la mente. Ni una sola vez he escuchado de él una frase a la que pueda encontrarle algún sentido. El pequeñito que está hablando con él obviamente no tiene ese impedimento. Han estado hablando durante diez minutos.

A esos niños se les ha dado un gran regalo. Sin temor a la edad o discapacidad, ellos reciben tanto como lo que dan a través de esas interacciones intergeneracionales; sin saberlo, están ayudando a reparar el desgarrado tejido social. Durante miles de años, los niños se han sentado a los pies de los ancianos de las aldeas para aprender acerca de la vida. Luego, salen corriendo y juegan con cualquier cosa que encuentren que les interesa. Eso también es aprendizaje.

En Finlandia y otros países europeos, los niños sólo comienzan la instrucción académica a la edad de siete años. Estos estudiantes tienen el menor número de horas en el salón de clases en el mundo desarrollado, pero sus notas se han mantenido constantemente en la mayor clasificación de la educación mundial al final de sus años de escuelas públicas. En estos países simplemente se entiende que hasta los siete años de edad los niños aprenden mejor cuando están jugando; para el tiempo que ellos finalmente entran a la escuela, están deseosos de aprender en un ambiente más formal. Existe también un mayor respeto público por los maestros que en Estados Unidos, además de ser mayor la remuneración.[5]

Hay una profunda verdad en el pensamiento de Platón: «Lo que se honra en un país también se cultiva». ¿Qué es lo que realmente se honra en nuestro país? ¿Es la formación de corazones y mentes de los niños? ¿O es su preparación en una carrera?

Froebel, en su obra *The Education of Man,* escribe:

> Protege a la nueva generación; no permitas que crezcan en la inconciencia y el vacío emocional, ajenos al buen trabajo duro, la introspección y análisis sin hechos, o acciones mecánicas sin reflexión y consideración. Guíalos para que se aparten de la nociva carrera tras las cosas externas y la dañina pasión por la distracción… Yo educaría a seres humanos en cuyos corazones están unidos la tierra y el cielo, que tienen sus pies firmes enraizados en la tierra de Dios, y que con sus cabezas alcanzan incluso hasta el cielo para contemplar la verdad.[6]

Cada niño es diferente. Cada uno tiene un conjunto exclusivo de habilidades, creadas para un propósito especial. ¿Entonces, por qué imponer a la fuerza un estándar educativo común para todos? Sabemos que los niños aprenden mejor a través del juego, pero el juego también produce alegría, satisfacción y despreocupación por los problemas cotidianos. En nuestra cultura frenéticamente sobrecargada, todos los niños deben tener derecho a jugar.

Capítulo 3

Grandes expectativas

Siempre he lamentado no ser tan sabio
como el día en que nací.

HENRY DAVID THOREAU

En una revista leí sobre una escuela en
Kenia que dicta sus clases al aire libre, bajo la sombra
de una arboleda. El director, que en su niñez había
ayudado a plantar esos árboles, recuerda un proverbio
africano: «Cuando plantes un árbol, nunca plantes solo
uno. Planta tres: uno por su sombra, uno por su fruto
y uno por su belleza». En un continente donde el calor
y la sequía hacen que cada árbol sea valioso, ese es un
sabio consejo.

También resulta una perspectiva educativa fascinante para un tiempo como el nuestro, cuando
enormes multitudes de niños están en peligro debido
a un enfoque unilateral en la crianza que los ve
exclusivamente en términos de su habilidad para ser

productivos, esto es, para «lograr» y «tener éxito».
Esta presión está destruyendo la niñez como nunca
antes. Katie Hurley, una terapeuta infantil, escribe:

> La presión académica es solo una pieza del rompeca-
> bezas cuando se trata de una infancia por la vía rápida.
> Sí, el aprendizaje se ha acelerado en todos los ámbitos,
> pero también la infancia en general. En este país hemos
> experimentado un progresivo cambio cultural, y cada
> año se está volviendo más y más predominante.
>
> Es cierto que los niños pequeños son más
> propensos a enfrentar una intensa presión académica
> en este momento, pero también están sobrecargados
> con actividades extracurriculares. Juegan deportes
> competitivos (a veces dos deportes durante cada
> «temporada»), toman las mejores clases de música y
> arte disponibles, participan en programas de la comu-
> nidad y llenan sus fines de semana con citas de juegos
> y fiestas.
>
> Los niños están perdiendo su infancia porque no se
> les da el don del tiempo para jugar. Ese cambio cultural
> —la necesidad intensa de formar gente competente y
> exitosa—, ¿acaso no tenemos alguna responsabilidad
> por eso? Como país, necesitamos despertar ante los
> crecientes niveles de estrés entre los niños y aprender
> cómo reducirlos. Si queremos criar niños felices, nece-
> sitamos comenzar recuperando la niñez.[1]

Naturalmente, los padres siempre han querido que sus hijos tengan buenos resultados, tanto académica como socialmente. Nadie quiere que su hijo sea el más atrasado de la clase, el último en ser escogido para un juego en el campo. Pero, ¿qué tiene la cultura en la que vivimos que ha convertido una preocupación natural en un temor obsesivo, y qué está causando en nuestros niños? Para muchos, la tendencia hacia un progreso académico acelerado hace de la escuela un lugar que les provoca temor, una fuente de miseria de la que no pueden escapar durante meses.

Aun cuando mis calificaciones rara vez fueron excepcionales, a mis padres les importaba mucho más si yo me llevaba bien con mis compañeros que si obtenía una A o una B. Ellos me aseguraban, especialmente cuando no sacaba buenas calificaciones, que había mucho más en mi cabeza de lo que yo o mis maestros comprendían; simplemente era que todavía no había salido a la superficie. Esta clase de estímulo para muchos niños es solo un sueño, particularmente en hogares donde el fracaso académico es visto como inaceptable.

Mi madre solía decir que la educación comienza en la cuna, y pocos padres hoy estarían en desacuerdo. Pero las diferencias en su enfoque son instructivas.

Mientras las mujeres de su generación les cantaban
a sus bebés para dormirlos, así como sus madres lo
habían hecho —porque a los bebés les encanta el
sonido de la voz materna—, los padres de hoy tienden
a citar estudios sobre los efectos positivos de la música
de Mozart en el desarrollo del cerebro infantil. Hace
50 años, las mujeres enseñaban a sus infantes juegos
con los dedos como algo natural, sencillamente por el
beneficio de pasar juntos un buen momento. ¿Qué tan
a menudo hoy dedicamos tiempo para canciones de
cuna, a pesar de las interminables discusiones sobre la
importancia de la crianza y los lazos afectivos?

Las madres pueden y deben ser las mejores defen-
soras de lo sagrado de la infancia. Como dice el
proverbio español, «una onza de madre vale una
tonelada de cura». Pero los padres de hoy escuchan
un mensaje más fuerte, diciéndoles que los deben
tratar con mano dura a fin de mantener a sus hijos en
el primer lugar. Algo está mal en una cultura cuando
le transmite a una madre que el éxito de sus hijos
depende de su habilidad para impulsarlos, o cuando le
dice al padre que las buenas calificaciones son la única
medida que importa.

Me resulta aterrador que muchas familias hayan
caído en esta trampa. Ahora los resultados están

comenzando a manifestarse en adolescentes y jóvenes
adultos que a duras penas sobrevivieron el estrés y la
presión, quienes perdieron la dicha de ser niños en
sus años formativos, y quienes nunca descubrieron
la belleza de la relación padre-hijo, una relación de
confianza, aceptación y estímulo. La novelista Kim
Wong Keltner habla sobre su niñez:

> Todo este afán por obtener la máxima calificación,
> esta ambición, esta insistencia, este empuje por la
> excelencia académica hace que los niños comiencen a
> pensar que a sus padres solo les importa lo que ellos
> son en el papel. Y al final de cuentas, ellos podrían
> simplemente decidir: «¿Si nada va a complacerte, por
> qué debería intentarlo?»
>
> Obtengo buenas calificaciones simplemente para
> quitarme a mis padres de encima. Alcanzo las más
> altas notas en los exámenes, pero nunca fui estimulada
> a relacionarme con otra gente. Y nunca sentí como si
> pudiera separarme de mis padres; ellos siempre dirían:
> «Tú eres parte de mí, lo que tú haces refleja lo que
> yo soy».[2]

Es cierto, algunos sobrevivientes de este enfoque
admiten que hoy no tendrían una carrera exitosa o
ganarían tanto dinero sin este empuje de sus padres.
Pero, ¿cuál es el verdadero significado del éxito? ¿Qué

perdieron en experiencias e interacciones humanas?
Tenemos que considerar la próxima generación de
niños, y lo que ellos aprenderán de padres que nunca
tuvieron una niñez.

A pesar de eso, existen muchos padres que piensan
profundamente sobre lo que quieren para sus hijos, y
que se sienten inspirados a cambiar sus prioridades.
El autor Paul Tough habla sobre lo que él quiere que
aprenda su hijo:

> Cuando Ellington nació, yo estaba bastante inmerso
> en la idea de la niñez como una carrera —entre más
> rápido desarrolle sus destrezas, mejor rendirá un niño
> en sus exámenes y tendrá una vida mejor... [Ahora]
> estoy menos preocupado sobre la habilidad de mi hijo
> para leer y contar. No me malentienda, todavía quiero
> que sepa como hacerlo. Pero pienso que llegará a
> saberlo en su momento.
>
> Lo que más me preocupa es su carácter... Quiero
> que él sea capaz de superar desilusiones, de controlarse
> a sí mismo, de seguir trabajando en un rompeca-
> bezas aun cuando sea frustrante, que sea bueno para
> compartir, sentirse amado, seguro de sí mismo y lleno
> de un sentido de pertenencia. Mucho más importante,
> quiero que sea capaz de lidiar con el fracaso.
>
> Esto resulta difícil que los padres puedan darlo a
> sus hijos, ya que tenemos arraigado en nuestro ADN

la urgencia de proteger a nuestros hijos de todo tipo de problemas. Pero lo que estamos descubriendo ahora es que al tratar de proteger a nuestros hijos, en realidad los podemos estar dañando. Al negarles la oportunidad de aprender a encarar la adversidad, de lidiar con el fracaso, generamos niños que tienen serios problemas cuando crecen. Superar la adversidad es lo que produce el carácter.[3]

Los niños necesitan una oportunidad para aprender que el fracaso a menudo nos enseña más que el éxito. Todos pasamos por momentos difíciles, los cuales pueden ser decisivos para desarrollar el carácter moral de un niño. ¿De qué otra manera aprenderá que el mayor triunfo es el que sigue a una derrota?

En su obra clásica *Basics of Education,* el educador alemán Friedrich Wilhelm Foerster argumenta que las comodidades de la civilización contemporánea han amortiguado la vida tan completamente que la gente crece sin la capacidad de enfrentar cualquier cosa que les represente un desafío. Cuando encaran la simple imprevisibilidad de la vida —sin mencionar el dolor, sufrimiento, trabajo duro o sacrificio— sucumben sin poder hacer nada. Foerster indica: «como si los golpeara tan fuerte… no saben qué hacer ante la frustración —ni cómo sacarle provecho— y la ven

solo como algo que les irrita y oprime. Y aunque
estas mismas cosas les han dado a las generaciones
anteriores las experiencias mediante las cuales han
adquirido dominio sobre los desafíos de la vida, a
menudo son suficientes para mandar a estas desarrai-
gadas personas modernas a una institución mental».4

La tendencia de los padres de estar siempre prote-
giendo a sus hijos, tratando de eliminar todo peligro,
riesgo y frustración en la vida, puede ser perjudicial.
En un artículo titulado «Why Parents Need to Let
Their Children Fail», la maestra Jessica Lahey escribe:

> He trabajado con un buen número de padres que son
> tan sobreprotectores con sus hijos que los niños no
> aprenden a aceptar la responsabilidad (y las conse-
> cuencias naturales) de sus acciones. Los niños pueden
> desarrollar un sentido de que tienen derechos y
> entonces a los padres se les hace difícil trabajar con la
> escuela de una manera confiable, cooperativa y enfo-
> cada en las soluciones, lo cual beneficiaría tanto al niño
> como a la escuela.
>
> Estos son los padres que más me preocupan: padres
> que no dejan que sus hijos aprendan. Como puede
> ver, los maestros no solo enseñan lectura, escritura
> y aritmética. Enseñamos responsabilidad, organi-
> zación, buenos modales, autocontrol y previsión.

Estas destrezas puede que no sean evaluadas en los exámenes estandarizados, pero al paso que los niños marcan su tránsito hacia la edad adulta, estas son — por lejos— las habilidades de la vida más importantes que yo enseño.[5]

Hay cosas maravillosas que se pueden aprender al intentar, fracasar e intentar de nuevo. Si un proyecto no está bien hecho, un buen maestro puede ayudar al niño a pensar cómo mejorarlo e inspirarlo para que lo haga mejor. Pero esa lección se pierde si el padre ha completado el proyecto por el niño. ¿Y qué mensaje comunica? En algún momento el niño necesitará encarar el desafío sin un padre a su lado. ¿Recurrirá a alguna otra persona para que se lo haga o lo resolverá solo? Si sus padres alaban sus esfuerzos a medias con tal de no amenazar su «autoestima», ¿conocerá alguna vez la satisfacción de un trabajo difícil bien hecho?

Aquí es donde los padres activos e involucrados pueden ayudar. Sigo afirmando que nadie tiene tanta influencia para el bien de la vida de un niño como una madre. Pero la función de un padre es diferente e igual de importante, como escribe Naomi Schaefer Riley, columnista y madre de tres hijos:

Es más probable que los papás dejen que sus hijos tomen riesgos. No se trata solo de que realmente los

van a soltar cuando les enseñan a usar una bicicleta
(algo que yo instintivamente no quise hacer cuando
mis hijos estaban aprendiendo)...

Como el psicólogo Daniel Paquette ha observado:
«Los padres tienden a ponerse detrás de sus hijos para
que los niños enfrenten su entorno social, mientras
que las madres tienden a ponerse ellas mismas frente a
sus hijos, buscando establecer contacto visual».

Por años hemos sabido de los efectos fundamentales
de contar con la presencia de un padre en el hogar: los
niños tienen menos probabilidades de cometer delitos;
las niñas tienen menos probabilidades de sufrir abuso
de hombres depredadores. Pero resulta que los papás
realmente están haciendo mucho más: en realidad están
preparando a nuestros niños para la vida moderna.

Al dejar que los niños se involucren en el «juego no
estructurado», al ayudarles a adquirir la firmeza y la
determinación que resulta de tomar riesgos y dejarlos
que tengan éxito o fracasen por su cuenta, al empu-
jarlos a ser un poco más independientes, tal parece
como si los padres fueran la clave para ayudar a que
nuestros hijos se conviertan en adultos.[6]

Cuando pienso en mi infancia feliz, llena de aventura
y exploración, me pregunto cómo podemos ayudar a
los niños de hoy a tener confianza y osadía. Aunque
sé que hay peligros de los que debemos proteger a

nuestros hijos, es fácil llevar las cosas demasiado lejos por ese rumbo, con el resultado de que los niños se vuelven tímidos y nerviosos.

La naturaleza no debería ser algo desconocido, enorme y temible, ni para nosotros ni para nuestros hijos. Destinemos el tiempo para explorarla juntos. Ya sea en el parque de la ciudad o en el bosque cercano, ahí es donde se da el verdadero aprendizaje y la construcción de la confianza. Como escribió la famosa naturalista Rachel Carson: «Si un niño va a conservar su sentido innato de curiosidad, necesita la compañía de por lo menos un adulto con quien pueda compartirlo, redescubriendo con él el gozo, entusiasmo y misterio del mundo en que vivimos».

Cada niño necesita descubrir la magia de hacer figuras de nieve, chapotear en los charcos o trepar árboles. Los padres necesitan tomar las cosas con calma y saborear los preciosos años con los niños que Dios les ha confiado. Los años no regresan. Antes de que te des cuenta tus hijos ya son adultos. La relación que tengas luego con él dependerá de la calidad del tiempo que pasaron juntos, en sus primeros recuerdos

Como hijo de refugiados europeos que huyeron a Sudamérica durante la segunda guerra mundial, yo crecí en los bosques de Paraguay. Mis padres criaron

a sus siete hijos con los principios educativos de
Froebel, enfocándose en la importancia de jugar, cantar
y contar historias, teniendo al aire libre como nuestro
mejor salón de clases.

Nosotros no tuvimos un lujoso patio de juegos y
nada que pudiera clasificarse como equipos de juegos
infantiles. Lo que sí tuvimos fue una enorme pila
de arena y un río cercano donde nos entreteníamos
durante horas. Esos lugares se volvieron nuestros
amigos. Ahí nuestra imaginación se desataba sin
límites, construíamos castillos, casas y cualquier cosa
que soñáramos. Al estar habitualmente al aire libre,
descubríamos insectos, plantas y animales.

Éramos totalmente felices con nuestras aventuras, y
no deseábamos nada más. Disfrutábamos de un tiempo
fabuloso y con frecuencia nuestros padres y maestros
tenían dificultad para que regresáramos a realizar
nuestras tareas en la granja, que eran bastantes. En la
era moderna actual, la importancia de una pila de arena
puede redescubrirse. ¡Si a mí me mantuvo feliz, seguramente mantendrá felices a otros niños!

Una vez alguien le dio a mi familia un pequeño
mono como mascota. Le pusimos por nombre
«Berto». Era muy vivaz y cariñoso. Berto se volvió
parte de nuestra familia y saltaba encima de nuestros

hombros cuando salíamos a pasear. Lo queríamos
mucho. Sin embargo, tenía una muy mala costumbre,
que a nuestro vecino Martín no le agradaba. Berto
siempre se comía todos los tomates y otras legum-
bres del jardín que Martín plantaba y cultivaba con
gran esfuerzo y cuidado. Aunque sus hijos también
disfrutaban del mono, Martín se quejaba con mi padre,
Heinrich, por los hurtos que Berto perpetraba en
su jardín. Mi padre tuvo que encontrar la manera de
deshacerse del mono. Un día me pidió que le ayudara a
regresar a Berto a la selva.

Ese fue un día difícil, todos los niños lloramos,
incapaces de imaginar a nuestra familia sin él. Yo
valientemente fui con mi padre y llevamos a Berto
hasta lo profundo de la jungla. Cuando pensamos que
ya habíamos caminado bastante lejos, mi padre lo dejó
ir y Berto muy contento se trepó al árbol más cercano.
Los monos son increíblemente inteligentes. Pueden
imitar la conducta humana, como decir adiós con sus
patas, reír y llorar. Así que, cuando nos dimos vuelta
y comenzamos a irnos, Berto se despidió de nosotros.
Con pena regresamos a casa.

Cuando llegamos, Berto nos estaba esperando en
la puerta de la casa. Estaba muy contento de vernos y
movió sus brazos para darnos la bienvenida. Después

de haberlo liberado seguramente se columpió de árbol
en árbol a gran velocidad para llegar a nuestra casa
antes de que nosotros regresáramos. Los niños reímos
y lloramos de alegría, pero también sabíamos que no
se podía quedar.

Después de algunos días llevamos a Berto de regreso
a la jungla. Esta vez nos fuimos mucho más lejos y
cruzamos un río antes de liberarlo. Ya que los monos
no pueden nadar, sabíamos que esta partida sería defi-
nitiva y sería la última vez que yo podría llevarlo sobre
mi hombro. Su partida dejó un gran vacío en nuestra
familia, pero me hizo entender otro aspecto de la
conducta de los animales, desde la imitación hasta los
instintos de regresar a casa; y de los comportamientos
de los seres humanos, cuando aprendemos a dejar algo
que amamos. Mi padre era mi héroe. Otro colorido
capítulo en nuestra historia familiar relata su participación y amor tan activos en nuestras vidas como en
nuestras aventuras con animales. Una vez le dio a mi
pequeña hermana María una hermosa gata negra a la
que ella llamó Puss. Ese verano, una severa epidemia
de rabia asoló el área, matando vacas, caballos y
muchas mascotas familiares. El brote de rabia se tornó
cada vez peor, diezmando nuestro ganado, que era
nuestra principal fuente de ingresos. En un esfuerzo

por detener el contagio de la peste, el gobierno local ordenó que todas las mascotas fueran exterminadas. Los cuatro hijos le suplicamos a nuestro padre que encontrara una manera de salvar a Puss. Ante tal pedido, construyó una pequeña jaula detrás de nuestra casa, donde la gata permaneció día y noche. Cada mañana y cada noche permitía a Puss bajar por una pequeña escalera, de manera que Puss pudiera hacer sus necesidades fisiológicas y regresar a la jaula. Puss pronto se acostumbró a la nueva rutina y esperaba pacientemente la llegada de mi padre.

Nuestra gata debía estar en completo aislamiento por seis semanas, tiempo necesario para estar seguros de que no había sido contagiada por la rabia. Durante ese tiempo tuvimos terminantemente prohibido tocarla. Finalmente, con gran regocijo, pudimos liberar a Puss de su solitario confinamiento, que había salvado su vida. Se convirtió entonces en el único gato del pueblo que había sobrevivido. Y mi padre, respondiendo a la compasión de sus hijos en lugar de tomar la ruta más fácil, nos dio así otra lección de vida, esta vez de integridad.

Al reflexionar sobre mi niñez, comprendo que la pobreza y la enfermedad proliferaban, y el trabajo físico era parte de la vida diaria. En nuestra casa no teníamos plomería ni calefacción, y por muchos años tampoco tuvimos electricidad. Las comidas se cocinaban directamente al fuego, y siempre teníamos que cortar y apilar la leña y acarrear el agua. La hierba era dura, pesada y alta, sobre todo después de la lluvia, y se tenía que cortar con un machete. Cuando era adolescente, me quejaba de los interminables quehaceres, pero a mis padres no les daba lástima. Al mirar atrás estoy agradecido. Ahora veo como su insistencia me enseñó autodisciplina, concentración, perseverancia y la capacidad de superación: todas las cosas que necesitas para ser un padre.

Es importante dar a los niños tareas y esperar que ellos contribuyan a la familia de manera cotidiana. Esto no es lo mismo que programar una serie organizada de actividades deportivas, sociales y académicas, despojándolos del tiempo que necesitan para desarrollarse por su cuenta.

Dando por sentado que los niños deberían ser impulsados y estimulados intelectualmente, se les debe enseñar a articular sus sentimientos; a leer, escribir, desarrollar y defender una idea, pensar críticamente. Pero, ¿cuál es el propósito de la mejor educación académica si no logra preparar a los niños para la vida?

El deseo de los padres de tener niños brillantes es sin duda otro signo de nuestra visión distorsionada, un reflejo de la manera en que tendemos a ver a los niños como pequeños adultos. Y el mejor antídoto para eso es renunciar por completo a todas nuestras expectativas como adultos, ponernos al mismo nivel de nuestros hijos y mirarlos a los ojos. Solo cuando comencemos a escuchar lo que están diciendo, sabremos lo que están pensando, y veremos las metas que hemos establecido para ellos desde su punto de vista. Solo entonces seremos capaces de poner a un lado nuestras propias ambiciones para ellos. Como escribe la poetisa Jane Tyson Clement:

Niño, aunque estoy para enseñarte mucho
al final, de qué se trata
sino de que juntos
debemos ser hijos del mismo Padre
y yo debo desaprender
toda la estructura adulta
y el estorbo de los años
y tú debes enseñarme
a mirar la tierra y el cielo
con tu original curiosidad.[7]

Capítulo 4

Salir de la pantalla

*No es fácil enderezar en el roble lo torcido
que crece en el retoño.*

PROVERBIO DANÉS

Los niños del siglo XXI pueden navegar
mundos distantes desde los controles de sus videojuegos, pero no están equipados con una comprensión
del mundo real fuera de su ventana. Las fascinantes
opciones de entretenimiento los capturan casi tan
pronto como puedan enfocar sus ojos.

Como padres y maestros, sabemos que demasiada
tecnología es mala para los niños. Y todos hemos
escuchando terribles historias sobre el acoso ciberné-
tico, los fácilmente accesibles sitios de pornografía y
los depredadores sexuales en la Internet. Los padres
pueden tratar de establecer controles sobre lo que sus
hijos pueden ver y limitar su tiempo para verlo.

Pero, ¿qué pasa si la tecnología misma resulta ser mala para los niños?

En el Reino Unido, el editor de la sección educativa del *Telegraph*, Graeme Paton, llama la atención hacia una tendencia alarmante:

De acuerdo con los maestros, un creciente número [de niños] carece de las habilidades motoras necesarias para jugar con bloques de construcción debido a la «adicción» a las tabletas y teléfonos inteligentes. Muchos niños de tres o cuatro años de edad pueden «manejar la pantalla táctil» pero tienen poca o ninguna destreza en sus dedos después de pasar horas pegados a sus *iPads*...

Los miembros de la Asociación de Maestros y Profesores también advirtieron que los niños mayores fueron incapaces de completar los tradicionales exámenes con papel y pluma debido a que su memoria había sido deteriorada por la excesiva exposición a la tecnología basada en la pantalla. Pidieron a los padres tomar medidas enérgicas en cuanto al uso de las tabletas e incluso desconectar la señal de Wi-Fi en la noche para enfrentar el problema.[1]

Rhonda Gillespie es una especialista en infantes y niños pequeños que ha trabajado en la educación para la primera infancia durante décadas. Cuando le pregunté qué pensaba de la tecnología y los niños, compartió conmigo su propia historia:

He visto un impacto devastador sobre los niños durante los últimos 20 años. La tecnología ataca el fundamento necesario para un desarrollo saludable. Cuando era niña, nuestro vecindario era seguro y yo jugaba afuera todos los días con mis amigos. Usábamos nuestra creatividad e imaginación, mejorábamos nuestras habilidades para resolver problemas y desarrollábamos cuerpos sanos. Pero, para el tiempo que mi hijo estaba creciendo, rara vez vimos a los niños del vecindario jugando afuera. La tendencia ha cambiado y estar afuera se percibe como inseguro.

Tuve que volver a trabajar tiempo completo, lo que significó días largos y menos tiempo en las tardes para jugar y disfrutar con mi hijo al aire libre. El error más grande que cometí fue haberle comprado su primera consola de videojuegos. Todo comenzó con reglas y tiempo límite para usarla, pero a medida que el tiempo avanzaba también transcurrieron las horas con el control de la consola.

Al principio, parecía como una solución donde ambos ganábamos: él estaba interactuando con niños de todo el mundo y ocasionalmente podía socializar con los de su edad. Se volvió bueno en algunos juegos y aumentó su confianza. Siempre pensé que en algún

momento encontraría amigos con quien jugar en el
vecindario. La socialización siempre ha representado
un reto para él, y las compañías de videojuegos con
frecuencia promocionan sus productos como un
puente para hacer contactos. Ahora siento que le fue
negada la oportunidad de desarrollar relaciones sanas.

Mi hijo ya tiene 17 años. Puede mandar mensajes de
texto todo el día, pero cuando está con gente alrededor
no sabe qué decir o cómo iniciar una conversación. Él
dice que se siente cómodo hablando con gente a través
de la computadora porque así no es acosado ni intimi-
dado. Pero el otro lado es que no aprendió a superar
esos incómodos momentos de la infancia, que son una
oportunidad para el crecimiento. Si nunca hubiera
tenido la opción de «amigos» en Internet, ¿hubiera
aprendido mejores habilidades sociales?

Parte de la niñez tiene que ver con la resolución de
problemas, con desarrollar estrategias y soluciones
para los problemas de la vida cotidiana. La vida se ha
vuelto más fácil con la tecnología, pero también hace
que los niños no estén familiarizados con el proceso
del éxito: el trabajo intenso y la paciencia. Hemos
creado una generación que espera las cosas inmediatamente sin esfuerzo alguno. Por ejemplo, cuando
yo estaba en la escuela podía ocupar meses en un
ensayo de investigación, haciendo muchos viajes a la

biblioteca, dedicando horas estudiando, recopilando datos y verificándolos. Mi hijo ahora puede producir el mismo informe en pocas horas en su computadora, sin la necesidad de verificación o prueba. La accesibilidad de los dispositivos de pantalla ha provocado un deterioro significativo en la resistencia de los niños, su autodeterminación, su deseo de trabajar arduamente, y su sentido de orgullo por lograr o alcanzar algo. Además la socialización entre los niños se está extinguiendo.

Sabemos que la salud física está siendo afectada por el tiempo frente a la pantalla: especialmente la vista, la audición y el peso. Pero también necesitamos considerar cómo ataca el alma de un niño. Muchos niños se encuentran incapaces de comunicarse con una persona real que requiere una atenta respuesta verbal. Cada vez son más los niños pequeños que llegan a preescolar con dificultades del habla; algunos ni siquiera hablan en absoluto. Puesto que esto es un rasgo diagnosticable en el espectro del autismo, ¿cuántos niños podrían ser clasificados como autistas cuando simplemente no han tenido la oportunidad de aprender la interacción humana?

En mi trabajo de resolución de conflictos en las escuelas, a veces hablo con adolescentes que no saben

quiénes son, qué es lo auténtico de sí mismos y cuál
es la máscara. Han ocupado sus años de crecimiento
usando diferentes personajes o «avatares» en varios
mundos imaginarios, y si ellos pueden hacer esas
falsas fachadas más sofisticadas y atrevidas de lo
que cualquier humano podría esperar, no debemos
sorprendernos si llegan a odiarse a sí mismos. Esto
conduce a la desesperación, la depresión y, en demasiados casos, al suicidio.

En muchos niveles, una adicción a los videojuegos
es tan peligrosa como el abuso del alcohol o las drogas.
Puede conducir compulsivamente a los niños hacia
mundos incluso más oscuros, con una salida nada
fácil. No es de sorprender que muchos de los tiroteos
en las escuelas hayan sido llevados a cabo por ávidos
jugadores. Parecen incapaces de diferenciar entre los
juegos violentos y las consecuencias del asesinato en
el mundo real, e incapaces de sentir remordimiento
por sus acciones o compasión por sus víctimas. Reaccionamos conmocionados cuando escuchamos sobre
niños soldados reclutados a la fuerza en los ejércitos
del tercer mundo. Pero puede resultar más difícil ver
las jóvenes milicias que crecen en nuestros propios
hogares, manipulados tan cruelmente como sus
contrapartes más distantes.

Ahora la primera generación de jugadores ha llegado a la edad de la paternidad, muchos sin haber superado su adicción. Los padres llegan del trabajo a la casa solo para desaparecer dentro de un mundo de fantasía violenta. Los juegos los mantienen atrapados en la adolescencia, gastando horas en un universo paralelo que les absorbe el tiempo que deberían estar ocupando conectándose con la realidad de sus hijos, jugando con ellos o leyéndoles un cuento antes de dormir.

La tecnología afecta a personas de todas las edades, sencillamente porque transfiere nuestro interés y consideración de los seres humanos a las máquinas. Es especialmente dañina para los niños pequeños, quienes acostumbran depender de los adultos cercanos a ellos como su guía y ejemplo. En su libro, *Simplicity Parenting*, el educador Kim John Payne aborda este punto:

> Joseph Weizenbaum, desaparecido profesor del MIT [Instituto de Tecnología de Massachusetts] y pionero de la inteligencia artificial, llegó a preguntarse sobre lo apropiado de la tecnología de las computadoras para los niños pequeños. Él cuestionó si queremos exponer a nuestros niños pequeños ante las mentes artificiales que no tienen valores humanos o incluso sentido común. Weizenbaum creía que hay cualidades transcendentes de la interacción humana que nunca podrán

ser duplicadas por las máquinas; él usó como ejemplo: «la mirada sin palabras que un padre y una madre comparten ante la cama de su hijo durmiendo».

Usadas a una edad demasiado temprana, ¿será que la pantalla bidimensional de una computadora realmente afecta a los niños pequeños, e interfiere con sus complejos sistemas de aprendizaje de relaciones y exploración sensorial? Yo no creo que las computadoras deban ser parte de la vida diaria de los niños pequeños. ¿Qué tan curiosos serán los niños, qué tan mentalmente ágiles, creativos y persistentes serán para buscar respuestas a sus preguntas si, a una edad tan temprana, aprenden primero a buscar en Google, y hacer preguntas después (o ni siquiera preguntar)?[2]

Aun entre las familias más pobres, es raro encontrar un hogar sin una televisión o una computadora. Puede no haber suficiente comida en la alacena, pero la televisión se considera obligatoria. Aunque los padres que trabajan arduamente pueden señalar que no les alcanza para pagar una niñera, y que al menos sus hijos están en casa y seguros, debemos preguntar: ¿seguros de qué? Mucho de lo que están absorbiendo puede envenenar el espíritu del niño.

No existe manera fácil de aliviar la carga que la tecnología impone sobre los niños. Pero si los amamos, no podemos caer en la resignación solo porque no sabemos por dónde empezar. Una manera de tomar acción es dando a los niños más «espacio en blanco». En un libro, el espacio en blanco es el espacio entre las líneas de texto, los márgenes, el espacio extra al comienzo de un capítulo. Permite que el texto «respire» y le da a los ojos un lugar para descansar. El espacio en blanco no es algo de lo que estás consciente cuando lees un libro. Se trata de lo que no está ahí. Pero si no está, tendrías que notarlo de inmediato. Es la clave de una página bien diseñada.

Así como los libros requieren el espacio en blanco, también los niños. Necesitan espacio para crecer, en un espacio protegido ante la embestida de la era de la información. No se necesita una mente brillante para ver los efectos de la falta del espacio en blanco. Cuando los niños están abrumados por el entretenimiento, los bienes materiales, las altas presiones académicas, y con frecuencia una vida familiar inestable, es como si las baterías de una lámpara se estuvieran agotando. Su luz se reduce en intensidad y no saben qué está mal. Si les negamos el tiempo, el espacio y la flexibilidad que necesitan para desarrollarse a su propio ritmo, no serán capaces de recargar sus baterías.

Lao-Tzu, el antiguo filósofo chino, nos recuerda que «no es la arcilla que echa el alfarero lo que le da a la vasija su utilidad, sino el espacio en su interior». Si la estimulación y la dirección son la arcilla, entonces el tiempo para uno mismo es el espacio interior. Las horas ocupadas a solas, soñando despierto o en el silencio de las actividades no estructuradas —preferiblemente al aire libre, en la naturaleza—, infunden un sentido de seguridad e independencia y proporcionan la tranquilidad necesaria en el ritmo del día. Los niños se desarrollan en silencio. Sin distracciones externas a menudo se volverán tan inspirados en lo que están haciendo que estarán totalmente ajenos a todo lo que pasa a su alrededor. Desafortunadamente, el silencio es un lujo de tal magnitud que rara vez se les permite la oportunidad para ese tipo de concentración sin interrupciones.

Como padres y cuidadores, ¿cómo podemos encontrar maneras creativas de dar a los niños más silencio y espacio? En las escuelas, algunos maestros se paran en la puerta del aula con una bolsa, confiscando por el tiempo que dura la clase todos los teléfonos y tabletas, a fin de que los niños puedan concentrarse. Otros envían a casa cartas a los padres solicitando reducir el tiempo de entretenimiento después de las horas de escuela. Señalan que los niños tienen más probabilidades de hacer sus tareas y dormir bien en la noche. Explican que, al absorber menos violencia, son menos propensos a las peleas, altercados, el acoso y la intimidación en la escuela.

Sé de otros que han negociado con la administración de su escuela eliminar el uso de la tecnología en el salón de clases, una batalla cuesta arriba ahora que las computadoras han llegado a considerarse indispensables. Pienso que esos maestros tienen un argumento bien fundado: puesto que los niños pasan muchas horas en sus casas pegados a distintas pantallas, ¿se beneficia en algo su educación o bienestar físico si la escuela se asegura de que hagan lo mismo durante el día? Si el resultado es inquietud, conducta agresiva y falta de concentración, ¿se están logrando las metas de la escuela?

En Los Altos, California, los hijos de los ejecutivos de las grandes compañías tecnológicas de Google, Apple y Hewlett-Packard asisten a la escuela Waldorf. El periódico *New York Times* informa:

Las principales herramientas de enseñanza en la escuela son todo menos alta tecnología: plumas y papel, agujas para tejer y en ocasiones lodo. No se encontrará una computadora. Nada de pantallas.

Nada de esto se permite en el salón de clases, la escuela
desaprueba su uso incluso en el hogar.

En todo el país las escuelas se han apresurado
en dotar de computadoras a sus salones de clases,
y muchos legisladores dicen que sería una tontería
no hacerlo. Pero un punto de vista contrario puede
encontrarse en el mismo epicentro de la economía
tecnológica, donde algunos padres y educadores
tienen un mensaje: las computadoras y las escuelas
no se mezclan...

La maestra Cathy Waheed, ex ingeniera en computación, trata de hacer el aprendizaje irresistible y a la
vez predominantemente tangible. El año pasado les
enseñó a los niños fracciones pidiéndoles que cortaran
alimentos: manzanas, quesadillas y un pastel o torta;
en mitades, cuartos y dieciseisavos. «Durante tres
semanas —dijo— comimos aprendiendo fracciones.
Cuando hice suficientes fracciones con las rebanadas
del pastel para que todos comieran, ¿crees que me
pusieron atención?»...

Paul Thomas, un antiguo maestro y actual profesor
asociado de educación en la Universidad Furman
dice lo siguiente: «La enseñanza es una experiencia
humana. La tecnología es una distracción cuando lo
que se necesita es aprender a leer, escribir, contar y
pensar críticamente»...

Y cuando los promotores de dotar a los salones de clases con tecnología dicen que los niños necesitan tiempo en las computadoras para competir en el mundo moderno, los padres en la escuela Waldorf responden: ¿cuál es la prisa, si ahora resulta tan fácil adquirir esas destrezas?[3]

Si los ejecutivos en el mundo de la alta tecnología eligen una escuela que protege a sus hijos de las computadoras, otros padres y maestros necesitan escuchar eso. Pero aun si las escuelas no están dispuestas a desechar su venerada tecnología, existen programas al aire libre que pueden hacer maravillas en la confianza de los niños. En ocasiones, todo lo que los niños necesitan es una oportunidad para descubrir por sí mismos que el mundo real es más interesante que el mundo virtual. Laurie Rankin, quien trabaja con el programa «Big Brothers, Big Sisters» (Hermanos mayores, Hermanas mayores), cuenta esta historia:

Estaba dirigiendo una caminata en las montañas de Catskills, tuvimos un clima excelente y una buena participación. Recuerdo particularmente a Lance, de 13 años, quien llegó con sus audífonos puestos, escuchando música ruidosa y agresivamente me dijo: «Yo no quiero estar aquí». Le respondí: «¡Gracias por acompañarnos!». Su hermana menor, Jess, de 11 años, era tranquila y tímida. Cuando pasamos por grandes peñascos junto al sendero del bosque, le sugerí tratar de escalar las rocas. Tímidamente me respondió: «No, no puedo hacer eso». Yo seguí animándola y, finalmente con mi ayuda, se trepó muy cuidadosamente en la cima de una roca. Casi se mantuvo de pie, pero luego, un tanto asustada, se bajó con una gran sonrisa en su rostro.

Noté que Lance estaba observando. Nos detuvimos en la próxima roca y esta vez Jess subió hasta la cima y en tono triunfal alzó sus brazos arriba de su cabeza. Lance deslizó los audífonos sobre su cuello y le recomendó que tuviera cuidado. Pero en el próximo montón de rocas, Lance estaba escalando con su hermana, y le sugirió que se tomaran de las manos, asegurando sus pies y celebrando juntos el triunfo en la cima.

Fue magnífico ver a este equipo de hermanos ganar confianza ese día. Las tensiones que pudieron sentir en otros momentos de sus vidas, como leer un texto en voz alta en clase o discutir una mala acción con un adulto, se harían más ligeras porque conquistaron algunas rocas.

El año siguiente, la primera persona en salir de la camioneta fue Lance. No había audífonos a la vista. No podía esperar a mostrarme lo que tenía en su mochila: algunos guantes para que los niños se los pusieran cuando escalaran las rocas y una cuerda en caso de que tuvieran miedo. El muchacho agresivo del año pasado fue reemplazado por un joven que ahora era un líder del grupo.

No todos vivimos tan cerca de bosques y arroyos como desearíamos. Pero los maestros creativos pueden hacer mucho con poco. Dana Wiser, un amigo mío, recuerda cómo la maestra de su hija encontró una manera de darles a sus alumnos espacio en blanco durante el día:

> Cuando mi hija Mary estaba en primer grado, tuvo suerte de tener una maestra sabia con respecto a los niños y la naturaleza. Ella animaba a cada niño a adoptar uno de los árboles que rodeaban el patio de juegos de los niños. El «árbol-mascota» de Mary era un sicómoro, fuerte y alto, y de un ancho que le permitía esconderse detrás. Cada niño estudió el árbol adoptado, dibujando sus hojas y el diseño de su corteza. El tiempo tranquilo con sus árboles mascotas fue muy especial, y cuando algo del día en la escuela le molestaba a Mary, todo lo que tenía que hacer era visitar su sicómoro para recibir consuelo de su fuerza y reconfortarse con su sombra. Luego amaría todos los árboles, especialmente los sicómoros, toda su vida; más

que eso, algo del poder sanador de la naturaleza vive en su corazón como un regalo de su árbol mascota.

El espacio en blanco y la naturaleza pueden ser sanadores para los niños con problemas. Pero, como la mayoría de los remedios, funcionan mejor si se toman de manera preventiva. Podemos hacer cambios con anticipación antes de que las cosas lleguen a una situación desesperada. ¿Puedes estar sin un televisor? Miles de familias lo hacen, con resultados alentadores. Habiendo crecido sin televisión, me resulta más fácil dejarla fuera de mi casa, evitándoles a nuestros niños la propaganda que incansablemente les informa, entre otras cosas, de lo último en la avanzada tecnología que «tienen que tener».

Si varias familias cercanas optaran por estar libres de pantallas, podría convertirse en una corriente de opinión pública. Los niños podrían jugar juntos y los adultos no se sentirían como si fueran los únicos al margen de los tiempos.

En mi casa, como en muchas, las computadoras son solo herramientas para que los adultos hagan su trabajo; no las usamos para entretenimiento. Mis hijos solo aprendieron a teclear en la escuela secundaria, cuando sus trabajos finales fueron lo bastante extensos para justificar el esfuerzo. Los padres pueden apoyar la investigación de sus hijos, ayudándoles en las búsquedas de Internet si son necesarias, pero también yendo juntos a la biblioteca e intercambiando libros. Es una excelente oportunidad para señalar que en la Internet cualquiera puede decir cualquier cosa, pero eso no significa que sea verdad.

Las noticias del mundo deben ser parte de la educación de un niño, pero no necesitan estar acompañadas de imágenes gráficas. Ya es bastante duro para nosotros como adultos procesar el dolor y sufrimiento que vemos en las noticias todos los días, sin volvernos insensibles o dejar que se endurezcan nuestros corazones. Si los adultos dedican el tiempo para leer sobre los acontecimientos de actualidad o escuchar la radio pública, podemos tratar temas difíciles en una manera que respete la edad y la comprensión del niño. Esto puede dar la ocasión para una discusión más extensa sobre el sufrimiento en el mundo y lo que podemos hacer para aliviarlo.

La clave, por supuesto, es nuestro propio tiempo. En nuestras sobrecargadas vidas como adultos, no estamos seguros de tener tiempo para trabajar y jugar juntos con nuestros hijos, o sentarnos con ellos y hablar acerca de las noticias. En la escuela, los plazos del fatídico plan de estudios pueden impedir que los maestros lleven a sus niños a relacionarse con los árboles.

Aun así, cuando pensamos en las alternativas, vale la pena hacer el tiempo, y hacerlo ahora. Solo tenemos juntos estos pocos años. La sociedad puede lamentar una epidemia de adolescentes perdidos, cínicos, incapaces de sentir compasión o empatía. Pero, si los espíritus de los niños no son guiados y protegidos por los que están cercanos a ellos, ¿qué podemos esperar?

Es hora de que hagamos un escrutinio de todos los ingeniosos aparatos en nuestra propia vida que todos consideran ahorradores de tiempo. Cuando nos sentamos y mandamos mensajes de texto en la banca del parque de juegos mientras nuestros hijos juegan solos, ¿el tiempo de quién estamos ahorrando? Cuando enviamos un correo electrónico más, leemos un artículo más, jugamos un nivel más del videojuego mientras los niños están alrededor, les estamos diciendo que otra cosa es más importante que ellos. Podemos hablar todo lo que queramos sobre las adicciones tecnológicas de los niños, pero el problema comienza muy cerca del hogar.

Pongamos a un lado nuestros teléfonos inteligentes y sintonicemos con las maravillas vivientes y palpitantes que nos están esperando para que las miremos y les prestemos atención. Apaguemos la máquina, tomemos de la mano a nuestros hijos y mostrémosles que el mundo real es un lugar fascinante.

Capítulo 5

Niño material

Donde esté tu tesoro,
allí estará también tu corazón.

JESÚS DE NAZARET

En una época en la cual el dólar ha extendido su maleficio por todos los rincones de la vida pública y privada, el peligro más insidioso para los niños puede ser la lente económica a través de la cual los vemos. Mientras los aspirantes a padres debaten las cargas, riesgos o responsabilidades de invertir en los niños, las otras partes están calculando las ganancias y los beneficios.

En otras palabras, el mismo materialismo que engendra tal hostilidad hacia los niños también les da la bienvenida con los brazos abiertos cuando tienen dinero para gastar. Las leyes laborales pueden haber eliminado a los niños de la fuerza de trabajo en el mundo occidental, pero nuestra generación tiene su propia forma de esclavitud que es igual de efectiva: el descubrimiento del niño como consumidor. No contentos con saquear los bolsillos de los adultos para alimentar la economía, los publicistas han descubierto en los niños el mercado más lucrativo de todos. Los niños y adolescentes de hoy son los blancos más fáciles y los aduladores más convincentes, y han sido exitosamente aprovechados para tironear de las fibras sensibles de sus padres hasta conseguir lo que quieren.

Las empresas que fijan su mirada en los niños antes de que hayan aprendido a hablar están incurriendo en nada menos que abuso infantil. Los estudios demuestran que hasta que cumplen los ocho años, la mayoría de los niños ni siquiera pueden diferenciar entre la charla promocional de un vendedor y un cuento.[1] La propaganda nos divide a los padres de nuestros hijos. Llega ahí primero, robándonos la oportunidad de ser guardianes y protectores. En lugar de eso, estamos tratando de ponernos al día, e intentando disuadirlos de algo que escucharon de una fuente convincente. Los padres que contradicen el mantra de «cómpralo ahora» encaran a hijos que los acusan de ser mezquinos y no entenderlos. ¿Cuántas veces hemos escuchado «todo el mundo lo tiene» o «todo el mundo lo hace»?

Los comerciantes han encontrado cientos de maneras de desacreditar a los padres y explotar la tendencia natural del niño a rebelarse en contra de las mismas personas cuya dirección más necesitan. Pero en lugar de ellos, ¿la autoridad de quién están aceptando? ¿Debe una compañía decirle a tu hijo quiénes deben ser sus amigos, o cómo deben vestirse, hablar, actuar y pensar?

Desafortunadamente también las escuelas pueden volverse conductos para las empresas. En distritos de todo del país, los incentivos financieros como computadoras, libros de texto digitales, equipos deportivos y máquinas expendedoras, se están usando para convencer a los directores para que firmen contratos con las grandes empresas de renombre que obtienen los derechos exclusivos para comercializar sus productos entre un público joven y cautivo.

A pesar del hecho de que millones alrededor del mundo crecen en una pobreza extrema, la mayoría de los niños en las regiones desarrolladas de Europa occidental y Estados Unidos tienen mucho más de lo que necesitan. Estamos criando una generación que solo puede calificarse de niños malcriados. Pero no le echemos toda la culpa a la constante dieta de comerciales. Este problema tiene raíces más profundas.

Los niños malcriados a menudo son el resultado
de padres malcriados: padres que insisten en salirse
con la suya, y cuyas vidas se estructuran en torno a la
ilusión de que una gratificación instantánea produce
felicidad. Los niños son consentidos no solo por una
sobreabundancia de comida, juguetes, ropa y otras
cosas materiales. Es tan fácil consentirlos simplemente
al cumplirles sus caprichos. ¿Cuántas madres están
agotadas gastando toda su energía para mantenerse al
día con las demandas de sus hijos, cediendo solo para
mantenerlos tranquilos?

Evidentemente, una cosa es satisfacer los deseos
del niño. Crear un hogar —un lugar de amor y
seguridad— es un asunto muy diferente. Desgracia-
damente, muchos padres hoy carecen de un sentido
de lo que esto significa. Están «demasiado ocupados»
para pasar tiempo con sus hijos. Algunos están tan
preocupados por sus empleos o sus actividades de ocio
que aun cuando ven a sus hijos al final de un largo día,
no tienen energía para estar con ellos. Pueden estar
sentados en la misma habitación —incluso en el mismo
sofá— pero sus mentes están en otra parte.

Si culpamos a los medios de comunicación por el
egoísmo de nuestros hijos, pasamos por alto la codicia
en nuestros corazones. Nuestros hijos pueden ver

cuánto dinero y tiempo gastamos en nosotros mismos.
La mejor manera de ayudarlos es confrontando
nuestra propia obsesión con las cosas y mirar hacia
afuera, hacia ellos y hacia los demás.
En su libro, *Making Grateful Kids,* Jeffrey J. Froh y
Giacomo Bono señalan una solución:

> Si hubiera una nueva droga maravilla en el mercado que
> hiciera que los niños se comportaran mejor, mejoraran
> sus calificaciones, se sintieran más felices y evitaran
> las conductas peligrosas, muchos padres en todo el
> mundo estarían dispuestos a vaciar sus cuentas banca-
> rias para adquirirla. Asombrosamente, tal producto
> realmente existe. No está regulado por la FDA [Admi-
> nistración de drogas y alimentos de EE. UU.], no tiene
> malos efectos secundarios, es absolutamente gratis y
> está disponible para cualquier persona en cualquier
> momento. Esta cura milagrosa se llama gratitud.[2]

¿No resulta extraño que entre más regalos recibe un
niño, es más raro escuchar gracias? Como padres y
maestros, necesitamos redescubrir y guiar a nuestros
niños de vuelta al concepto de que «menos es más».
Esto implicará creatividad. Conozco a un padre que
dedicó tiempo con su hijo de seis años, explicándole
que su familia había caído en el engañoso truco de
algunas compañías que solo quieren ganar dinero.

Desafió a su hijo a mirar en toda su habitación y sacar todas las cosas que hubiera conseguido a causa de un comercial. ¡Luego el papá fue a la sala de estar e hizo lo mismo! Al niño le quedó una cama, una mesa y una silla. El papá resultó con un cuarto vacío, y mucho más tiempo con su hijo.

Otra familia simuló que estaban viajando a California en una enorme carreta antigua, y tenían que deshacerse de todas las cosas que no fueran indispensables. Si los padres e hijos se unen contra la propaganda comercial ya han ganado la batalla más grande.

Una de las mejores maneras de fomentar la gratitud es conectarse con otras personas que no han sido tan bendecidas materialmente. No resulta útil tratar de que un niño valore su comida generalizando: «Los niños de África se mueren de hambre». Dudo que un comentario como ese haya convencido a un niño exigente con la comida. Pero si una familia o un salón de clases mantienen una correspondencia amistosa con un niño en Uganda, quizá financiando su educación, de repente todo cobra sentido. Visualizar los obstáculos que algunos niños valientes deben superar para siquiera comer una vez al día o recibir una educación puede dejar una impresión —y construir una amistad— que dure toda la vida.

Existen otros puntos de contacto. Algunas familias tienen una práctica de «juguete recibido, juguete compartido»; si llega un juguete nuevo, otro deja la casa y se regala a alguien que lo necesita. Pero el aprendizaje sobre la gratitud tiene que ir más allá de juguetes y cosas materiales. Servir como voluntario en un comedor comunitario, especialmente durante los días festivos como el de Acción de Gracias, puede ayudar a que los niños entiendan el significado del agradecimiento.

Los padres no deben temer hacer algo drástico. Se necesita tomar una decisión de cierta magnitud para contrarrestar el mensaje dominante de «busca ser el número uno». Nuestra sociedad ha estado por tanto tiempo tan inmersa en él que hacer pequeños cambios aquí y allá no será suficiente para revertir la tendencia o ayudar a tu hijo.

Hattie Garlick, una madre británica, documentó su experiencia familiar luego de que decidieron ya no gastar más dinero en productos para sus hijos durante un año. Después de seis meses en el experimento, escribió lo siguiente:

> Comencé a ver que una falta de confianza en mí misma estaba detrás de muchos de mis gastos. Mi esposo y yo no tenemos ningún familiar cercano a nuestra

casa, a una hora de camino. Sin el consejo y apoyo de familiares a quienes recurrir, había veces que me sentía temerosa, incompetente y sola.

Era una presa fácil para los vendedores de productos. Recuerdo haber estado parada en la sección de bebés de una tienda de departamentos agitando a mi bebé que gritaba con dolor de cólicos, mis ojos y mi mente borrosa por un arco iris de productos color pastel que prometían «tranquilizar» y «consolar» a mi hijo irritado, que yo no había logrado calmar. Agotada y desesperada por hacer lo apropiado, había sucumbido ante la idea de que no era lo suficientemente buena por mí misma. Para ser una buena madre, necesitaba todos esos accesorios: móviles educativos que tocan las sonatas de Beethoven, clases de lenguaje de señales para bebés y purés elaborados en fábrica...

Entre los padres existe un sentimiento predominante de que, con clases costosas y entretenimiento por doquier, dejar simplemente que tu hijo juegue afuera con un palo se percibe como pereza o, peor aún, indiferencia. Pero con los meses, hemos descubierto que la mayoría de las actividades que disfrutamos haciendo juntos son de hecho gratuitas: cocinar, cuidar el jardín, buscar comida, incluso juntarnos con los vecinos para tomar café y «lecciones de música» (todos traen los instrumentos que tengan, o incluso solo ollas y sartenes, y hacemos sonar fuerte la música)...

Resulta que mi hijo Johnny está encantado de pasar horas construyendo algo con una simple caja de cartón, pero solo se entretiene unos minutos con un juguete nuevo. Ahora nos estamos dedicando a los renacuajos y las verduras en el jardín, y Johnny lo toma realmente en serio. Cuando llegan sus abuelos los lleva afuera a observar los pájaros y mariposas y a hablar sobre cómo crecen las plantas.[3]

Los niños no ven los beneficios materiales de la misma manera que los adultos. De mi infancia en América del Sur, recuerdo a un visitante que nos preguntó a mis hermanas y a mí si era duro vivir de manera tan simple. Mirando al extraño me preguntaba si estaba loco. ¿Duro? ¿Qué quiere decir? No podría imaginar una infancia más feliz. Pero ahora entiendo el fundamento de nuestra felicidad. En lugar de cosas, mis padres nos dieron tiempo y atención todos los días. Sin importar qué tan agitado era su horario de actividades, cada mañana trataban de comer con nosotros el desayuno antes de que fuéramos a la escuela. La idea de reunirnos como familia, para comer o simplemente terminar juntos el día ha quedado en el camino. Aun si lo deseamos, los horarios en conflicto y los largos recorridos al trabajo con frecuencia lo hacen imposible. Pero sin importar la razón, son los niños los

que salen perdiendo, y no estoy convencido de que
siempre se trate de una necesidad económica.

Aunque mis padres trabajaban largas horas, hacían
el esfuerzo de juntarnos a todos y reagruparnos al
final del día. Nuestra generación necesita recuperar
este concepto de cimentar una familia para darles a los
hijos un fundamento. Requiere el sacrificio de ambos
padres, pero los resultados hacen que valga la pena.

En mis viajes por el mundo, me he asombrado de
encontrar que en algunos de los lugares más empo-
brecidos de la tierra, en África, América del Sur y el
Oriente Medio, también se da la devoción más grande
hacia la familia y los niños. Esos lugares carecen de
todas las ventajas materiales que damos por sentado en
los sectores desarrollados de Occidente. Las tasas de
mortalidad infantil son altas, el agua está contaminada,
el alimento es escaso y las medicinas están siempre
restringidas, si acaso están disponibles. Los juguetes
son palos o latas, la ropa es andrajosa, los bebés no
tienen cunas ni sillas. Sin embargo, en ninguna parte
he visto sonrisas tan radiantes, abrazos tan cariñosos o
un gran afecto de esa clase entre padres y adolescentes,
ancianos y niños pequeños.

¿Qué hay en las casas lujosas de nuestro propio
país, donde cada necesidad material está más que

apropiadamente atendida, que deja a nuestros hijos en una condición tan diferente? Puede ser la falta de algo por lo cual vivir y trabajar, más allá de un auto mejor o una casa más grande.

No voy a idealizar la pobreza. Existen muchísimos niños pobres en el «mundo desarrollado», desde los campos de inmigrantes en la Florida y California hasta los guetos de Nueva York y el East End de Londres. En esos lugares, y en muchísimos otros, a los niños se les niegan las necesidades más básicas, por no hablar de las trampas adicionales que la mayoría de nosotros sentimos que merecemos. La privación da lugar a la negligencia y el abuso. Esos niños están en mis oraciones diariamente, y su sufrimiento es un juicio sobre una sociedad donde muchos otros niños tienen una sobreabundancia asfixiante. Creo firmemente que el bienestar de un niño o niña no depende de su acceso a la riqueza material, sino del conocimiento de que son amados.

La Madre Teresa, después de una visita a Norteamérica, señaló que jamás había visto tanta abundancia de cosas. Pero añadió que tampoco nunca había visto «tanta pobreza de espíritu, soledad y rechazo… Esa es la peor enfermedad en el mundo de hoy, no la

tuberculosis o la lepra… Es la pobreza que surge de la
falta de amor».

¿Qué significa dar amor a un niño? Muchos padres,
especialmente aquellos cuyos trabajos los mantienen
alejados de sus familias por días o incluso semanas
enteras, tratan de superar los sentimientos de culpa
trayendo regalos a casa. Aunque sean bienintencionados, olvidan que lo que sus hijos realmente quieren,
y necesitan, es tiempo y atención, un oído atento y una
palabra de aliento.

En el fondo, todo padre sabe que criar a un hijo
implica más que mantenerlo. Es raro el padre o la
madre que no admite de inmediato que debe dedicar
más tiempo a sus hijos. Mi padre dijo con frecuencia
que invertir en el tiempo que pasas con tus hijos es
más importante que invertir en tu cuenta bancaria.

Obviamente, es imposible vivir sin dinero y bienes
materiales, y cada familia debe tener quien la sostenga,
así como sus planes para el futuro. Pero en última
instancia es el amor que damos a nuestros hijos, y no
las cosas materiales, lo que permanecerá con ellos para
toda la vida. Y eso es algo que todos muy fácilmente
olvidamos con el incentivo de un sueldo más alto o un
mejor trabajo.

Dale, un buen amigo, trabajaba para una de las firmas de abogados más grandes del mundo. Aunque una vez ganó más dinero durante un año de lo que mucha gente ganaría en toda su vida, su sueldo y su prestigio significaban poco para su familia, quizá porque nunca estaba en casa para disfrutarlo con ellos. Las excusas no daban resultado, ni con su esposa ni con sus hijos, así que más que aferrarse a su posición, Dale decidió tratar de escuchar. Pronto había escuchado lo suficiente y decidió que solo había una cosa por hacer: dejar la firma de abogados. Como él lo cuenta:

Un colega y yo íbamos rumbo a casa, manejando una camioneta repleta, después de una reunión de niños exploradores. Mientras los niños jugaban y reían en los asientos traseros, se aclaró la garganta y abordó un tema difícil.

«Dale, estás cometiendo un gran error al dejar la firma de abogados. ¿Comprendes eso?» Se refería a mi decisión de dar un aviso de renuncia con seis meses de anticipación—. «No se trata de que puedas hacer lo que tú quieras —prosiguió—, tienes cinco hijos. Tienes el deber de darles la mejor vida posible y enviarlos a las mejores universidades a las que puedan ingresar. Estás eludiendo tu deber». Dejé que pasaran unos instantes… Finalmente, le respondí:

«No fue mi idea. Nunca tuve la intención de reducir
a menos de veinte horas por semana. Mis hijas me
suplicaron que renunciara». Era verdad. Durante
los últimos dos años había combinado 20 horas por
semana como abogado con una cantidad igual de
tiempo sirviendo a hombres que estaban muriendo de
sida y cáncer. Esto fue un cambio dramático de mi vida
como un abogado que vivía en los aviones, abriendo
cuentas en todo el país y trabajando de 80 a 90 horas
por semana. Pero, cuando empezó la guerra en Iraq,
mi trabajo legal de medio tiempo explotó de repente y
pronto ya estaba otra vez en mi horario anterior.

Después de seis semanas en este retroceso, mi hija
desapareció de la escuela: sencillamente no estaba ahí
una tarde cuando fuimos a recogerla. La buscamos por
más de dos horas y finalmente llamamos a la policía.
Más tarde un amigo la encontró caminando sola
sobre una carretera, estaba llorando. Su explicación
fue simple: «Papá, cuando te ibas todo el tiempo, no
importaba. Pero ahora que me he acostumbrado a que
estés aquí ya no puedo soportarlo. Quiero que dejes
de ser un abogado».

Primero traté de que mi hija mayor hiciera entrar
en razón a su hermana menor, pero no resultó. Ella
estaba totalmente de acuerdo con la menor. Luego
lo puse todo por escrito para que lo meditaran, para

mostrarles qué tan duras serían las consecuencias económicas: pagar por su propia ropa, auto, gasolina, seguros, anuarios, fiestas de graduación, universidad, viajes, etc. No importó. Mis hijas me querían a mí. Mi colega estaba deteniendo la camioneta en un semáforo en rojo.

«¡Mira —dijo con impaciencia—,estás evadiendo tu responsabilidad!»

Pasaron algunos momentos antes de que yo concluyera la discusión. Parecía muy importante terminar rápido. Estaba enfocado en un grupo de árboles que se negaban a caer en línea, se resistían a ser controlados, se rehusaban a ser cortados y procesados en la trituradora empresarial.

«No estoy de acuerdo —le dije suavemente—. No estoy de acuerdo. Y apuesto que, en lo profundo de tu corazón, tú tampoco lo estás».

Capítulo 6

Acciones, no palabras

*No te preocupe que tus hijos
nunca te escuchen.
Preocúpate de que siempre
te están observando.*

ROBERT   FULGHUM

La mayoría de nosotros sabe lo que es
bueno o malo para los niños. Desafortunadamente,
hay un abismo entre saber lo que quieres para tu hijo
y ser capaz de garantizar que él o ella actúen como
corresponde. Resulta claro que en muchos hogares no
se está cruzando ese abismo.

Cuando niños y adolescentes se involucran en la
subcultura gótica, las pandillas, las relaciones sexuales
o las drogas, no están ciegos ante todos los riesgos. En
la mayoría de los casos, padres y maestros han hecho
numerosos llamamientos en favor de su futuro, su
salud y su capacidad de contribuir a la sociedad de una

manera positiva. Pero los niños no son tontos. Según
su opinión, si lo que a sus padres realmente les importa
son sus calificaciones, entonces se rebelan.

Como dice la sabiduría convencional, la angustia
adolescente es «solo una etapa». Los adolescentes
siempre se han irritado bajo la autoridad de los padres,
y siempre lo harán. Sin embargo, cuando la rebeldía
se convierte en un estilo de vida, no podemos restarle
importancia. Necesitamos mirar más a fondo. ¿Contra
qué se están rebelando los niños de hoy tan enérgica-
mente, y por qué?

Para mí, la respuesta es simple: hipocresía. La
palabra es ciertamente fuerte; puede parecer incluso
cruel sugerir que hay padres que crían a sus hijos para
actuar de una manera mientras al mismo tiempo hacen
lo contrario. Pero la dura verdad es que esto pasa y en
muchísimas formas. Consideremos este angustiante
desahogo de una estudiante en Texas A&M que se
sintió obligada a explicar, después de una masacre
escolar, por qué pensaba que las cosas se habían
«vuelto tan malas»:

> Déjame decirte esto: estas preguntas no me repre-
> sentan solo a mí, sino a una generación entera que
> está luchando por crecer y encontrarle sentido a
> este mundo.

¿Por qué la mayoría de ustedes mintió cuando hicieron el voto de «hasta que la muerte los separe»?

¿Por qué se engañan a sí mismos creyendo que, a largo plazo, el divorcio es mejor para los niños?

¿Por qué nos permiten que miremos películas violentas, pero esperan que mantengamos algún tipo de inocencia infantil?

¿Por qué nos permiten pasar cantidades ilimitadas de tiempo en internet y todavía se sorprenden de nuestro conocimiento sobre cómo fabricar bombas?

¿Por qué tienen tanto miedo de decirnos «no» algunas veces?

Llámennos como quieran, pero estarán sorprendidos sobre cómo fallamos en encajar en sus nítidas y pequeñas categorías… Ahora es el tiempo de cosechar lo que han sembrado.[1]

Aun cuando estas preguntas son acusatorias, creo que cada una es válida y de vital importancia para que las consideremos. Muchas de las cuestiones que plantean son demasiado complejas para responderlas en pocas palabras, pero todas ellas tocan una inquietud central: la percepción generalizada entre los jóvenes adultos de que los mayores son un fraude.

La hipocresía asoma su cabeza en los comienzos de la paternidad, pero aparece principalmente en formas

muy sutiles. En ocasiones está arraigada en la confusión que surge cuando un niño escucha una cosa en
la escuela y otra en la casa, una directriz de un padre
y una segunda del otro, una serie de pautas en un
salón de clases, y otra serie completamente distinta
en el próximo. En otros casos se origina de la simple
incoherencia: un niño acaba de aprender una lección o
una regla, solo para descubrir a su padre quebrantán-
dola, haciendo una excepción o justificándose. Todo
esto es por lo general bastante inofensivo.

El verdadero problema surge —y esto está más
extendido de lo que uno podría pensar— cuando a
los niños se les enseña «haz lo que digo, no lo que
hago». Al decirles esto, medio bromeando, en una
situación tras otra, ellos gradualmente aprenden que
nunca hay nada tan negro o blanco que siempre sea
bueno o malo, al menos no hasta que hagan una decisión equivocada en el momento equivocado. Cuando
eso sucede, reciben el castigo por su falta de juicio. Y
siempre considerarán injusto el castigo.

Como padre, sé qué tan difícil resulta ser consis-
tente; y, por el contrario, lo fácil que es enviar señales
confusas sin siquiera darnos cuenta. Habiendo acon-
sejado a cientos de adolescentes durante las últimas
cuatro décadas, también conozco lo sensibles que son

los jóvenes adultos a los mensajes contradictorios y a los límites inconsistentes, y cuán fácilmente rechazarán ambos como signos claros de hipocresía de los padres.

Pero también he aprendido cuán rápidamente se puede resolver la peor batalla cuando somos lo suficientemente humildes para admitir que nuestras expectativas no fueron claras o fueron injustas, y cuán rápido la mayoría de los niños responden y perdonan.

Al reflexionar en las maneras en que los niños imitan con frecuencia a sus padres —en acciones, actitudes, características del comportamiento y rasgos de la personalidad— mi abuelo, el escritor Eberhard Arnold, señaló que los niños son como los barómetros. Ellos claramente graban cualquier influencia y presión que les afecta actualmente, ya sea positiva o negativa. Felicidad y seguridad, generosidad y optimismo con frecuencia se reflejarán en los niños en el mismo grado que son visibles en sus padres. Lo mismo sucede con las emociones negativas. Cuando los niños notan ira, temor, inseguridad o intolerancia en un adulto —especialmente si ellos son el blanco— no pasará mucho tiempo antes de que comiencen a actuar de la misma manera.

En *Los Hermanos Karamazov,* el personaje de Dostoievski, el padre Zossima, nos recuerda que

esta sensibilidad de los niños es tan grande que la
formamos aun sin saberlo, y nos aconseja considerar
el efecto de todo lo que decimos, y especialmente de
todo lo que hacemos, en su presencia:

> Todos los días y a todas horas... cuida que tu imagen
> sea decente. Pasas ante un niño pequeño, pasas
> con actitud rencorosa y palabras blasfemas, con un
> corazón iracundo, quizá no has notado al niño, pero
> él te ha visto, y tu imagen indecente e indigna puede
> quedarse en su indefenso corazón. Tú no lo sabes, pero
> es posible que hayas sembrado una semilla de maldad
> en él, y ésta podría crecer... todo porque no cultivaste
> en ti mismo un amor activo, benévolo y diligente.[2]

A diferencia de los niños en la época de Dostoievski,
los niños de hoy están expuestos a un bombardeo
constante de imágenes y expresiones cuyo efecto
combinado puede ser mucho mayor que el de los
adultos más interesados en sus vidas inmediatas.
Dada la condición de nuestra cultura, que socava a los
padres en todo momento, criar niños es un trabajo
duro. Pero a pesar de todos nuestros esfuerzos, la
mayoría de nosotros estamos lejos de los modelos que
deberíamos ser.

La violencia por ejemplo. Todo el mundo está
preocupado por ella, y todo el mundo está de acuerdo

en que es mala para los niños. ¿Pero qué es lo que
alguien realmente está haciendo al respecto? Desde las
salas del Congreso hacia abajo, casi nada. Los políticos discuten sobre el control de armas ¿pero acaso se
toman acciones decisivas? Mientras tanto la avalancha
de tiroteos escolares continúa, generando todavía
más imitadores.

En varias ocasiones he tenido el privilegio de aconsejar a familias de las víctimas. Naturalmente, ellos
necesitan tiempo para hablar y llorar cuando atra-
viesan por su dolor y confusión, sin tener que lidiar
con el análisis y asesoramiento. Pero inevitablemente
nuestra conversación girará en torno a las causas
fundamentales de la violencia escolar. La novelista
Barbara Kingsolver, escribiendo sobre este tema señala
las contradicciones en nuestros intentos de responder
a la violencia:

No hagamos insignificante una horrible tragedia,
fingiendo que no podemos encontrarle sentido. «Sin
sentido» suena como «sin causa» y no requiere acción.
Después de un apropiado intervalo de consternadas y
nerviosas muestras de condolencias, podemos volver
a las cosas como de costumbre. Se necesita valor para
admitirlo: este acontecimiento tiene pleno sentido.

Los niños toman como modelo la conducta de los adultos, en cualquier escala que esté a su disposición. Los nuestros están creciendo en una nación en la que los hombres más importantes e influyentes —desde los presidentes hasta los héroes de las películas— resuelven problemas matando gente. Es totalmente predecible que algunos muchachos desesperados por admiración e influencia recurran a las armas y las bombas. Y no es de extrañar que haya sucedido en un barrio de clase media; la violencia institucional está precisamente en los hogares de los suburbios. No señales con demasiada fuerza el rap de la pandilla en la casa de tu hermano hasta que hayas examinado el Pentágono en el tuyo. [Estas tragedias] surgen directamente de una cultura que está fuerte y orgullosamente arraigada en los tiroteos globales. Esa cultura somos nosotros.

Puede ser perfectamente claro para usted que los nazis, los marines y *Terminator* maten por razones diferentes. Pero, como cada padre sabe, los niños son buenos para ignorar o ver directamente a través de las sutilezas que les inventamos.

Esto es lo que ven: matar es una herramienta glorificada para castigar y controlar. Los estadounidenses que no la apoyan son ridiculizados. Sin embargo, seamos realistas, la mayoría de los estadounidenses cree que el derramamiento de sangre es necesario para mantener nuestro estilo de vida, aunque esto signifique correr el riesgo de pérdidas ocasionales: los civiles ametrallados, el hombre inocente condenado injustamente a la pena de muerte. [...] En una sociedad que adopta la violencia, esto es lo que «nuestro estilo de vida» ha llegado a significar. Hemos enseñado a nuestros hijos de mil maneras, a veces con banderas y a veces con carcajadas, que los tipos malos merecen morir.[3]

Evidentemente, la manera en que tratamos la violencia no es solo un fenómeno social o político, sino algo que tiene sus raíces en la sala de cada hogar. Los niños la ven en la pantalla, o la experimentan de manos de aquellos que deben ser sus protectores. Pero la cuestión aquí no es simplemente la violencia. Sin importar el vicio o la virtud, es totalmente inútil tratar de educar un niño al respecto siempre y cuando nuestros actos y palabras permanezcan en contradicción. Como afirma el psicólogo Carl Jung: «Si hay algo que deseamos cambiar en el niño, primero debemos examinarlo y ver si no es algo que se podría cambiar mejor en nosotros mismos».

Con frecuencia la causa fundamental del abismo entre nuestras palabras y acciones sencillamente es la pereza. Esta puede ser una palabra fuerte, y a ninguno de nosotros le gustaría aplicarla a sí mismo. Pero

debemos preguntarnos. Cuando somos confrontados
por una crisis en la vida de uno de nuestros hijos,
¿tomamos el camino más fácil, respondiendo con
enojo o quizá con una consecuencia inmediata, y luego
lo olvidamos hasta la próxima vez que suceda?

Quizá estamos ocupados, agobiados o simplemente
cansados. Pero los niños pueden percibir la deshones-
tidad en esta respuesta automática. Si un hijo o hija
pone a prueba nuestros límites, puede estar tratando
de encontrar un límite seguro para apoyarse. Aunque
la tendencia a conformarse con la solución menos
dolorosa a un problema es una característica humana
normal, rara vez es un enfoque saludable en la crianza
de los hijos.

La sola idea de que la crianza de los hijos es un
«problema» resulta negativa. Después de todo, criar
a los niños que traemos al mundo debe ser un privilegio. Pero cada vez son menos los padres que ven
nuestras responsabilidades inherentes en términos
positivos. Como resultado, la paternidad ya no es un
deber natural, sino una obligación que el gobierno
debe forzar a los hombres a cumplir; la maternidad es
a la vez atacada y vista como el sacrificio supremo; y
amar a tu hijo se considera un arte o una habilidad que
requiere de un entrenamiento especial.

Desde las revistas sobre paternidad y maternidad a los libros populares, la sabiduría es la misma: los niños pueden ser lindos, pero criarlos es una tarea ingrata. Por eso las revistas siempre recomiendan a las parejas escaparse solos, en vacaciones o largos fines de semana, para cenas románticas iluminadas con velas. Ni preguntes dónde caben los niños en esos planes, pues rara vez caben; lo cual es triste, porque en realidad son las horas que pasas con tus hijos cuando están creciendo las que más tarde se destacan como algunas de las más felices de tu matrimonio. En cuanto a las luchas, sacrificios y momentos difíciles, son simplemente igual de formativos. Los recuerdos felices son solo eso —felices— pero son las pruebas y dificultades las que verdaderamente fortalecen las relaciones.

¿Por qué tratamos de esquivar las partes difíciles en la crianza de los hijos, ciegos ante las maneras en que podrían ayudarnos a crecer? Clare, miembro de mi iglesia, dice:

Probablemente es porque nuestra generación realmente nunca maduró. Muchos de nosotros todavía estamos buscando al compañero perfecto, el auto ideal o alguna otra clase de felicidad difícil de alcanzar. No sabemos lo que es hacer sacrificios, dar desinteresadamente en formas que nunca serán reconocidas. No estoy segura qué estábamos esperando.

A veces le damos la vuelta a un asunto difícil, simplemente porque nos sentimos demasiado cansados para confrontarlo. En otras ocasiones, nuestra renuencia está vinculada a la culpa: ¿Por qué ser duros con nuestros hijos cuando hemos cometido los mismos errores? O ¿cómo podemos darles consejos claros cuando nuestras propias vidas y relaciones no son claras? Esa manera de pensar raramente tiene consecuencias inmediatas, pero al final de cuentas nos pasará la factura. Bea, una conocida, da un ejemplo conmovedor:

> Tuve una amiga, Kate, que intentó suicidarse tres veces en la escuela secundaria. Su familia siempre la llevó corriendo a la sala de emergencias, para que le lavaran el estómago (cada vez que ingirió pastillas), al poco tiempo estaba de vuelta en la escuela. En realidad, nunca la ayudaron… Los padres de Kate se habían divorciado años atrás, y luego cada uno se volvió a casar, y ninguna de las dos parejas realmente la quería. Ella representaba un recordatorio constante de su pasado, y querían seguir adelante con sus vidas. Kate no encajaba dentro de sus planes.

¿Cuántos niños no encajan en los planes de la gente que les dio la vida? Directo al punto, ¿qué tan a menudo nos ponemos a nosotros mismos y a nuestros deseos de «felicidad» y «realización» por encima de las necesidades de nuestros hijos?

El sexo es otro ámbito donde hasta los padres más bienintencionados confunden a los niños, si no con hipocresía entonces al menos con mensajes contradictorios. Al igual que la violencia, el sexo es una de las mayores preocupaciones de cada padre, y una de las que más se habla. Pero en medio de toda la preocupación acerca de qué decir a nuestros hijos e hijas, cómo decirlo y cuándo, muchos de nosotros estamos olvidando lo más importante: el poder de nuestras acciones. Hasta que comencemos a vivir nuestras convicciones —hasta que exijamos de nosotros mismos las mismas cosas que exigimos de nuestros hijos— todos nuestros intensos esfuerzos en modelar integridad serán en vano.

Lo que pasa por estructura familiar hoy puede satisfacer a los adultos en la relación (al menos por un tiempo). Si nunca han sido testigos de un matrimonio estable y fiel, los padres no pueden tener bases sobre las cuales formar sus propios compromisos, y no pueden estar conscientes del enorme impacto que su conducta a la deriva tendrá en sus hijos, quienes anhelan estabilidad.

Estadísticamente, la separación y el divorcio han
sido durante mucho tiempo los resultados más proba-
bles del matrimonio. Pero nunca son los incidentes
legales de una sola vez que aparentan. Por esa razón
—sin importar qué tan «necesario» pueda resultar el
divorcio— necesitamos mirarlo a través de los ojos de
un niño, que puede ser afectado, emocional y psicoló-
gicamente, por el resto de su vida.

Aun así, es cruel condenar a las parejas que se divor-
cian. Como dice Anne, una amiga inglesa cuyo padre
se fue cuando ella era una niña, «los adultos en crisis
están desesperados, y hacen lo que deben». Aunque
Anne reconoce que los niños generalmente llevan la
peor parte de las consecuencias, señala que también los
adultos pagan. Y nos recuerda que el dolor causado
por el divorcio no tiene que ser el final de la historia:

> Tuve una madre muy buena, e incluso después de que
> tomó la decisión de divorciarse (la única opción que
> ella vio), fue fiel a mí. Sacrificó las alegrías de la mater-
> nidad y trabajó tiempo completo para mantenerme, y
> su lealtad me sacó adelante. Me dio sus mejores años,
> 21 de ellos.

> Sí, el divorcio siempre marca a ambos en la pareja,
> y si tienen hijos los marca todavía más a ellos. Pero
> en mi propia vida sé que la decisión de mi madre, de

poner mis necesidades antes que las suyas, fue lo que me salvó. Me dio la oportunidad de recuperarme. Todavía estoy «en el proceso», pero sé que llegará la sanidad total y la plenitud.

Sin la resistencia mostrada por cada niño que supera los obstáculos de la hipocresía y los fracasos de los adultos, la crianza sería de hecho un desafío desalentador. Historias como las de Anne nos muestran que no importa cuán tentador pueda ser desesperarse ante los errores del pasado, aun el peor padre o madre tiene derecho a la esperanza.

Malcolm X, abordando la cuestión de las deficiencias de los padres, y recordándonos la fuente de esa esperanza, escribió una vez:

> Los niños nos enseñan una lección que los adultos debemos aprender: no avergonzarnos de fracasar, sino levantarnos e intentarlo otra vez. La mayoría de los adultos tenemos tanto miedo, somos tan cautelosos, tan «seguros» y por lo tanto tan retraídos y rígidos... Por esa razón muchos humanos fracasan. La mayoría de los adultos de mediana edad se han resignado al fracaso.[4]

Aunque mi llamado a la honestidad y la acción en este capítulo está dirigido principalmente a los padres, de

ninguna manera estas cuestiones terminan cuando
un niño se sube al autobús escolar. De hecho, como
muchos maestros han experimentado, la vida en el
hogar, sea estable o inestable, hace sentir su presencia
en cada niño y en cada salón de clases. Con frecuencia,
cuando la ira y rebeldía se lanzan contra nosotros
como maestros, debemos recordar que somos el para-
rrayos, no el objetivo. Requiere enorme paciencia
amar a un niño que ha perdido sus modales debido a
circunstancias fuera de nuestro alcance.

Sandy Miller es una educadora que ha tenido un
profundo impacto en la vida de muchos niños. La he
conocido y he trabajado con ella por casi tres décadas.
Humilde y apacible defensora de los niños, particularmente de los atribulados y de bajo rendimiento, ella
rutinariamente dedica horas trabajando con padres y
maestros buscando maneras innovadoras de ayudar
a cada niño. Aunque a veces ha sido difamada por
sus convicciones, ella considera su trabajo más una
vocación que un empleo. Cuando le pregunté cómo
ayudaba a su personal a trabajar con niños difíciles,
respondió:

> Siempre le he dicho al personal que esos niños están
> en un estado de trauma y que se acerquen a ellos
> partiendo de eso. Algo ha pasado en su vida. Piensen

de dónde vienen esos niños y el hecho de que probablemente vieron algo en su vida que los traumatizó.
Han sido testigos de crueldades, crímenes, golpizas,
quizá una muerte, y están tan traumatizados que no
pueden manejarlo. Estos son los niños a los que realmente debemos prestarles atención. Están clamando
por ayuda, actúan de esa manera porque no pueden
expresar lo que sienten y tienen temor de nosotros. En
realidad ellos tienen miedo de este ambiente estructurado y seguro porque no conocen algo mejor. Ruego a
todos los maestros de nuestro equipo: conozcan a los
estudiantes que se sientan frente a ustedes. No traten
de enseñarles inmediatamente, no hasta que entiendan
cuál es su trasfondo, con qué clase de experiencias
están llegando. Traten de entender qué les duele a
fin de que podamos ayudarlos a trabajar en eso aquí,
porque si ustedes no lo hacen, ¿quién lo hará?

Esa es una pregunta desafiante: Si no ayudamos a
nuestros hijos, ¿quién lo hará? Vienen a mi mente las
palabras del teólogo Ravi Zacharias:

Lo que tenemos que entender más que cualquier otra
cosa es que si nuestros niños y jóvenes no escuchan
nuestra voz, escucharán la de alguien más. Hoy en
día, los múltiples caminos al corazón y alma de una
persona son demasiado numerosos para rebatirlos

porque invaden la imaginación y violan la razón a edades en las que la gente joven es más vulnerable. Entre más jóvenes son, más desatinados se vuelven, haciendo más difícil la operación de rescate. No espere a que cumplan los 16 o 17 años, sino comience cuando son pequeños a enseñarles cómo pensar las cosas. El pensamiento crítico es el mejor regalo que podemos darles. No quiero decir pensamiento usado para criticar, sino pensamiento para aprender cómo evaluar la verdad.[5]

Ese es el corazón de todo. En nuestra época de relativismo, todavía existe tal cosa como la verdad. Tenemos que comenzar por ser honestos con nosotros mismos sobre la división en nuestros corazones, sobre la apatía que nos impide abordar un problema de frente. Luego necesitamos poner nuestras palabras y acciones en línea con nuestros ideales. No debemos avergonzarnos si requiere cierto trabajo duro. Si los niños están observando nuestra lucha, también verán el resultado. Quizá no recibamos las gracias por todos nuestros esfuerzos. Las recompensas vendrán cuando nuestros hijos crezcan para responder a sus propios desafíos y vuelvan su mirada hacia nosotros con respeto y comprensión.

Capítulo 7

Guía para crecer

Antes de que tuviera hijos, tenía seis teorías
sobre cómo criarlos;
ahora tengo seis hijos y ninguna teoría.

JOHN WILMOT,
CONDE DE ROCHESTER

Disciplina es probablemente la palabra más malentendida en el vocabulario de la enseñanza y la crianza de los hijos. No se trata de control, represión o coerción, de hecho esas acciones son lo contrario de la verdadera disciplina. Entonces, ¿qué es? Al final no es más que guiar a los niños a elegir lo bueno sobre lo malo. Puede incluir consecuencias, pero nunca debe implicar crueldad o castigo corporal.

Todos los niños necesitan límites, y tienen que ser guiados hasta ellos una y otra vez. Esta es una tarea noble y el resultado final serán adultos maduros y confiables. A través de los siglos, la disciplina ha

formado a las mejores mentes científicas y religiosas.
Ahora es nuestro turno de guiar a los niños en la
misma dirección.

La verdadera disciplina es un acto de amor, no de
ira. Toma en cuenta la disposición interior del niño.
Como decía mi abuelo: «Criar a los hijos significa
ayudarlos a convertirse en lo que ya son en la mente
de Dios».

Así fue como mis padres nos criaron a mis
hermanas y a mí, y agradezco a Dios por la disciplina que recibí. Nos dieron una relación de amor y
confianza mutua que permaneció intacta hasta el final
de sus vidas. Por supuesto, estaba basada en mucho de
una corrección a la antigua, incluyendo fuertes repri-
mendas paternales si por casualidad nos escuchaba
contestarle a nuestra madre.

Los insultos y las burlas eran inaceptables en
nuestra casa. Al igual que los niños en cualquier lugar,
a veces nos reíamos de los adultos cuyas peculiaridades
los hacían destacarse, como nuestro vecino Nicolás
que tartamudeaba, y Gunther, un bibliotecario de
la escuela que era extremadamente alto. Pero aun si
esas personas no se daban cuenta del ridículo tras
sus espaldas, a nuestros padres no les parecía nada
gracioso. Ellos no toleraban la crueldad.

Aun así, cuando merecíamos un castigo, a veces recibimos un abrazo en lugar de eso. En una ocasión cuando tenía ocho años, hice enojar tanto a mi padre que sintió que no tenía opción sino darme una nalgada. Mientras esperaba que cayera su mano, lo miré y, antes de saber lo que estaba haciendo, le dije sin pensar: «Papá, lo siento mucho. Haz lo que tengas que hacer, pero sé que todavía me amas». Para mi sorpresa, él se inclinó, me abrazó y me dijo con una ternura que salió del fondo de su corazón: «Christoph, te perdono». Mi pedido de disculpas lo había desarmado por completo.

Este incidente siempre ha permanecido vivo en mi mente, pues me hizo comprender cuánto mi padre me amaba. También me enseñó una lección que nunca he olvidado, una que aproveché al tratar con mis propios hijos años más tarde: no tengas miedo de disciplinar al niño, pero en el momento que sientas que está arrepentido, asegúrate de que hay un perdón inmediato y completo de tu parte. Un abrazo perdonador de mamá o papá, especialmente en momentos cuando el niño sabe que merece una consecuencia, puede cambiar totalmente el panorama. Como en la naturaleza, cuando el sol irrumpe a través de las nubes en la tormenta, el saber que las fallas de uno han sido perdonadas es probablemente la experiencia más gratificante de la infancia.

Al disciplinar a un niño, precipitarse para tomar acción con frecuencia causa remordimiento después. Vale la pena tomarse el tiempo para pensarlo bien, pues hay mucho en juego. Pregúntate cómo puedes llegar al corazón de tu hijo o hija de manera que pueda reconocer su error. Si logras esto ya has ganado la batalla y la recompensa será grande. La escritora y consejera familiar Dorothy Law Nolte lo expresa bien:

Si los niños viven con crítica, aprenden a condenar. Si los niños viven con hostilidad, aprenden a pelear. Si los niños viven con el ridículo, aprenden a ser tímidos. Si los niños viven con vergüenza, aprenden a sentirse culpables. Si los niños viven con estímulo, aprenden a tener confianza. Si los niños viven con tolerancia, aprenden a ser pacientes. Si los niños viven con elogios, aprenden a apreciar. Si los niños viven con aceptación, aprenden a amar. Si los niños viven con aprobación, aprenden a valorarse. Si los niños viven con honestidad, aprenden a ser veraces. Si los niños viven con seguridad, aprenden a tener fe en sí mismos y en los demás. Si los niños viven con amistad, aprenden que el mundo puede ser un lugar amigable.[1]

Estoy indeciso acerca de aconsejar a los lectores en estas páginas sobre cómo guiar y disciplinar a sus hijos en casa; después de todo, cada niño tiene un conjunto único de fortalezas y debilidades, promesas y desafíos, al igual que los padres. Quizá lo mejor es seguir la sabiduría de Janusz Korczak, un destacado pediatra cuya historia se detalla más adelante en este capítulo. Él escribe:

> Tú mismo eres el niño que debes aprender a conocer, criar y sobre todo instruir. Pretender que otros te den las respuestas es como pedirle a una mujer extraña que dé a luz a tu bebé. Hay lecciones que solo pueden surgir de la propia experiencia, del propio dolor, y son las más valiosas. Busca en tu hijo la parte desconocida de ti mismo.[2]

Hablando de lecciones que «nacen del dolor», mi esposa y yo recibimos varias en el proceso de criar ocho hijos. Como la mayoría de los padres, probablemente es seguro decir que si tuviéramos la oportunidad de hacerlo de nuevo, hay bastantes cosas que haríamos en forma distinta. Algunas veces supusimos injustamente malos motivos, en otras ocasiones tuvimos una venda sobre los ojos; un día fuimos demasiado indulgentes; al día siguiente, demasiado estrictos. Sin embargo, aun así aprendimos varias lecciones básicas.

Los niños pueden ser increíblemente obstinados, como habrá experimentado cualquier persona con un niño de dos años. Mantenerse firme y constante a menudo resulta exasperante. Es más fácil dejar pasar las cosas. Pero cualquiera que prefiere la comodidad al esfuerzo de una obediencia demandante descubrirá que a largo plazo el problema crecerá más y más.

Considere la historia de un general británico que dirigió su caballo hasta la esquina de una calle una y otra vez, hasta que la terca yegua dio la vuelta de la manera que le había enseñado. «Nunca te rindas hasta ganar la batalla», dijo el general después de 19 veces, cuando el animal finalmente dio la vuelta como él deseaba. A pesar de lo frustrante que este incidente podría haber sido, la lección que contiene es vital.

La perseverancia es uno de los grandes dones que podemos dar a nuestros hijos. Ellos la captarán cuando les ayudemos a aprender a escuchar y seguir instrucciones, a seguir intentando cuando los resultados son insatisfactorios. De esta manera práctica podemos modelar la fuerza de voluntad, un rasgo de supervivencia en el mundo actual. Los adolescentes que no han adquirido esta virtud están en gran riesgo cuando les llega el momento de salir y probar algo nuevo.

Cuando criábamos a nuestros hijos, también aprendimos el valor de inculcarles la honestidad desde los primeros años. Cuando un niño está consciente de haber hecho algo malo, pero no hay consecuencias, descubre que puede salirse con la suya. Resulta terrible que un niño reciba ese mensaje. Cuando son pequeños la cuestión puede parecer insignificante y una pequeña travesura. Pero puede tener repercusiones en el futuro. El viejo dicho, «niños pequeños, problemas pequeños; niños grandes, problemas grandes», es bastante fácil de ignorar, pero contiene una gran verdad. Un niño de seis años puede hurtar galletas; a los 16 puede robar en tiendas o abusar del alcohol. Y aunque la voluntad de un niño pequeño pueda guiarse con relativa facilidad, a un adolescente rebelde solo se le pueden jalar las riendas con el más enérgico de los esfuerzos.

A pesar de la necesidad de consecuencias, no son suficientes por sí mismas. La disciplina implica más que agarrar al niño en el acto y castigarlo. Mucho más importante es educar su voluntad hacia el bien, lo cual significa apoyarlo cuando él elija el bien sobre el mal, o como decía mi madre «ganarlo para el bien». Tal afirmación no tiene nada que ver con la manipulación; el propósito de criar a los hijos nunca puede ser únicamente hacerlos obedecer. En lugar de eso, nuestra meta

debe ser siempre ayudarlos hacia la confianza que les
capacita para explorar la vida, pero conociendo sus
límites. Esa es la mejor preparación para la vida adulta.

Un entrevistador le preguntó en una ocasión al
escritor Anthony Bloom qué parte de su formación
resaltaba más claramente en su memoria. Él respondió
simplemente:

> Hubo dos cosas que mi padre dijo que me impresio-
> naron y han quedado grabadas toda mi vida.
> Una fue esta. Recuerdo lo que me dijo después de
> un día de fiesta: «Estaba preocupado por ti». Yo le
> dije: «¿Pensaste que había tenido un accidente?».
> Me respondió: «Eso no habría significado nada...
> Pensé que habías perdido tu integridad».
> Luego, en otra ocasión me dijo: «Recuerda siempre
> que si vives o mueres no importa. Lo que importa
> es para qué vives y por qué estás dispuesto a morir».
> Estas dos cosas fueron el trasfondo de mi educación.[3]

Bloom tuvo la suerte de tener un padre que le inspiró
integridad más que tratar de enseñársela, una diferencia importante. A veces desconfiamos de un niño
o percibimos malos motivos en su conducta, lo cual
puede debilitarlo al dudar de sí mismo. Criticar y
corregir constantemente a un niño lo desanimará de
igual manera. Peor aún, le quitará la mejor razón que

tiene para confiar en ti: su confianza en que será entendido y perdonado, y que lo dejarán volver a empezar.

Sin duda es importante, cuando un niño ha sido deshonesto, llegar a los hechos de lo sucedido y animar al niño a encararlos. Pero casi nunca es bueno averiguar sus motivos, y siempre es malo presionarlo para que confiese. Después de todo, para empezar pudo ser nada más que vergüenza o remordimiento lo que provocó que el niño se evadiera de algo mediante verdades a medias y, si se le presiona, puede tener tanto miedo de las consecuencias que dirá una mentira descarada. ¿No hacen eso también los adultos, por las mismas razones?

Naturalmente, todos los niños necesitan corrección con regularidad. Pero si reaccionamos con demasiada fuerza, el propósito último de la corrección —ayudar al niño a comenzar de nuevo— se ve ensombrecido por la propia disciplina. Es mejor darle al niño el beneficio de la duda.

Con toda seguridad, ser amigo y compañero además de padre requiere el doble de paciencia y energía. Pero, como Dale —el abogado que renunció a su trabajo para ser padre— ha señalado, existen pocas cosas tan gratificantes:

Cuando pienso sobre esto, resulta que es más fácil
vivir con hijos que te temen que con hijos que te aman,
porque si tus hijos te temen, cuando llegas a casa ellos
se van. Se dispersan, van a sus habitaciones y cierran
la puerta, y tú les facilitas las cosas abarrotando sus
cuartos llenos de computadoras, equipos de sonido y
todo lo demás. Pero si tienes hijos que te aman, ¡no te
los puedes quitar de encima! Se cuelgan de tus piernas,
te jalan los pantalones, llegas a casa y quieren tu atención. Te sientas y están todos encima de tus piernas. Te
sientes como un gimnasio ambulante en medio de la
jungla. También te sientes amado.

La disposición a ser vulnerable es una parte importante
de ser padres. Pocas experiencias nos acercan tanto a
nuestros hijos como las ocasiones en que reaccionamos
en forma exagerada, nos damos cuenta en el momento
y les pedimos perdón. Cada día debe ser un nuevo día,
el pasado debe quedar completamente perdonado. No
importa por lo que estén atravesando, siempre deben
sentir la seguridad de que estamos listos para actuar
por ellos: no estando nerviosamente encima de ellos,
sino firmemente a su lado.

Obviamente, cada familia tiene sus altibajos, sus
momentos difíciles y sus dramas embarazosos. No hay
nada tan complejo como la relación entre un padre y

un hijo. Pero tampoco hay nada tan hermoso. Y a eso tenemos que aferrarnos cada vez que lleguemos a una situación en que se nos agota la paciencia. Como dice el psicólogo Theodor Reik: «Un romance nos falla y también las amistades, pero la relación de padres e hijos, menos ruidosa que todas las demás, permanece indeleble e indestructible, la relación más fuerte sobre la Tierra».

Después de los padres, la relación de mayor influencia es a menudo la de un maestro y un niño. Siempre he sentido que los maestros tienen el trabajo más difícil y más gratificante en el planeta. Para citar a Carl Jung:

> Uno mira hacia atrás con aprecio a los maestros brillantes, pero con gratitud hacia aquellos que impactaron nuestros sentimientos. El plan de estudios es una materia prima muy necesaria, pero el calor es el elemento vital para la planta en crecimiento y para el alma de un niño.

Nunca he conocido a nadie que no tenga una historia que contar sobre un maestro que impactó su vida poderosamente. Maureen, editora y madre de tres hijos, me dijo que ella recuerda a su maestro de segundo grado como un pilar fundamental en su vida.

En la clase nosotros éramos como una estampida salvaje que ningún maestro podía controlar. Richard Wareham, ya en sus 60 años y a punto de retirarse, fue llamado para ver qué podía hacer.

Cuando nuestro grupo trató de aprovecharse de este abuelo, nos jaló las riendas rápido, y lo hizo sin levantar la voz ni mandarnos con el director. Lidió con los conflictos desde un ángulo inesperado. Si dos niños estaban peleando, les asignaba limpiar los extremos opuestos de una ventana de la escuela. De un momento a otro, los enemigos pasaron de mirarse furiosamente a reírse tontamente y sincronizar el movimiento de sus trapos sobre el vidrio.

Si había rumores de amotinamiento en la clase, Richard se anticipaba echando su pañuelo al aire. Sabíamos que mientras estuviera en el aire estábamos autorizados para gritar en grupo. Pero en el momento que tocara el piso debía haber absoluto silencio. Cualquiera que no pudiera o no quisiera dejar de hacer ruido terminaría en el césped de la escuela desenterrando dientes de león. Otros mecanismos para liberar la presión incluían carreras con mapa y brújula, observación de pájaros, construcción de una casita rústica y la creación de una compleja ruta de obstáculos.

Pero su legado más grande fue su amor y respeto por cada niño. Una vez me reprendió severamente por una broma que (para variar) yo no cometí. Yo estaba enojada y al borde de las lágrimas ante su alegato. Él escuchó mi versión de la historia, se disculpó por su error, y señaló que en la vida la gente puede con frecuencia malinterpretar o criticar tus acciones. «Si están equivocados —me dijo— no arremetas contra ellos. Levanta la cabeza y sigue haciendo lo que es correcto. Demuéstrales, no les digas». Yo tenía siete años en ese momento, pero nunca lo he olvidado.

Más que un maestro, Richard fue un instructor de adiestramiento para aprendices de maestros y un consejero para padres. Mientras luchaba contra el cáncer, dedicó tiempo a escribir algunos de sus descubrimientos esenciales en la enseñanza, los cuales han circulado a través de muchas familias y aulas de clase. Escribió esto:

A cada niño se le debe enseñar, en casa y en la escuela, algunos valores simples que le ayuden en toda su vida. Esos valores no pueden ser sustituidos por programas de alto rendimiento ni por refuerzos positivos como excursiones especiales, golosinas o favores. Tampoco podemos esperar que esos valores aparezcan repentinamente de la nada cuando el niño está en la escuela preparatoria. Nuestra oportunidad de enseñar esos valores se da en la casa, el jardín de niños, la escuela, cada día, en cada situación, y no existen dos situaciones iguales.

No. Un claro, firme y rotundo «no». A fin de que un niño experimente el valor del «no», tiene que saber que eso significa: sin discusión, sin quejas, sin alternativas, sin tonterías. Cuando se dice «no», ¡eso es lo que significa!

Ven. Este es mi punto de partida. «Ven» tiene el sentido de «venir», de lo contrario ni siquiera podemos reunirnos. Si no hay un encuentro, los niños rápidamente tomarán su propio camino y encontrarán caos y confusión a su alrededor. Una experiencia donde nos reunimos se comparte y aprecia por todos.

Escucha. La atención es una bendición especial. Si un niño ha adquirido el derecho a ignorarte, no prestarte atención y volverse hacia otra cosa de su elección, la brecha generacional ya ha comenzado y tu contacto de corazón a corazón tendrá que ser ganado de nuevo. Habla cuando quien escucha esté a tu alcance.

Quietud. Hay momentos cuando mi corazón se complace al escuchar trece niños todos hablando al mismo tiempo. ¡Un maestro o padre puede aprender mucho de varios temas paralelos! Pero los niños necesitan experimentar momentos de quietud, y la satisfacción de estar ocupados en silencio, a solas.

Esto es de especial importancia para los niños hiperactivos cuya «programación» aumenta más y más hasta que no puede apagarse, y ya nada concentra su interés.

Espera. Hay mucho de espera en la vida, a veces poco, a veces mucho más. Les enseñamos impaciencia cuando no ayudamos a los niños a esperar pacíficamente.

Cuidado. Debemos ayudar a los niños a ser responsables en todo lo que hacen. Esto incluye trabajo, juego, cuidado del equipo y la ropa, las relaciones con otros, el respeto y mucho más. Realmente podemos esperar responsabilidad de ellos.

Para mí, la breve lista de Richard contiene mucha sabiduría. Su respeto por el espíritu de la niñez lo inspiró a querer lo mejor de cada uno de los niños a su cargo, por lo que su enseñanza se convirtió en un legado para su futuro. Sin duda, esta es una tarea enormemente difícil cuando un maestro se enfrenta con estudiantes problemáticos y rebeldes. Aun así, servimos como señales para dirigirlos hacia adelante, en un camino donde no encontrarán muchos otros guías confiables.

Con frecuencia parece que cada día sale otro titular destacando la desconfianza y la falta de respeto de nuestra sociedad hacia los niños. Depende de los maestros mantener su pasión y compasión para enfrentar esas acciones que surgen del temor. Recientemente, el *New York Times* publicó un editorial llamado «Giving Up on Four-Year-Olds»:

Un nuevo informe publicado por la Oficina de Derechos Civiles del Departamento de Educación [EE. UU.], examinando las prácticas disciplinarias de las 97.000 escuelas públicas del país, muestra que las políticas excesivamente punitivas se están usando en todos los niveles del sistema de educación pública, incluso contra los niños de cuatro años en preescolar. Esto debe avergonzar a la nación y obligarla a reconsiderar las medidas destructivas que están usando las escuelas contra sus niños y niñas más vulnerables.

Por ejemplo, los estudiantes negros son suspendidos en una proporción tres veces mayor que los estudiantes blancos. A los niños de las minorías con discapacidades les va peor que a todos; el efecto de la raza se multiplica cuando la discapacidad entra en escena...

El hecho de que los niños de las minorías a la edad de cuatro años ya están siendo suspendidos o expulsados de manera desproporcionada es un escándalo. El patrón de exclusión sugiere que las escuelas están dando por perdidos a esos niños y desisten de ellos cuando apenas están dejando los pañales. Eso va en

contra de la misma misión de la educación inicial…
Daña a los niños emocionalmente a una edad en que
son incapaces de absorber las lecciones de esta forma
de castigo. Y pone a esos niños en mayor riesgo de
quedar rezagados, abandonar la escuela o verse
permanentemente involucrados con el sistema de
justicia juvenil.[4]

Resulta desastroso que los niños de cualquier edad
sean señalados por su raza o su discapacidad. En todo
caso, sus condiciones de vulnerabilidad así como su
juventud deben suscitar paciencia y cuidado adicional.
En algunas escuelas, los problemas de comportamiento
que solían ser tratados por maestros y consejeros
de orientación ahora están siendo manejados por la
policía. Niños pequeños están siendo suspendidos
o removidos a la fuerza de las instalaciones escolares simplemente por hacer un berrinche o por ser
rebeldes. Esto también es un ataque contra la infancia.

¿Debería tener un niño de cuatro años una hoja de
antecedentes penales siguiéndole durante sus años de
escuela, diciéndole que es un delincuente hasta que se
convierta finalmente en uno? Demasiados jóvenes de
nuestro país están siendo puestos tras las rejas porque
aquellos que deben cuidarlos se han dado por vencidos
demasiado pronto. ¿Qué dice esto de una sociedad

cuando sus políticos responsables apuestan por el
fracaso de la próxima generación y nadie protesta?
¿Qué dice esto de la manera en que vemos a los niños,
cuando permitimos que los guardianes de su futuro los
expulsen antes de que puedan siquiera escribir
sus nombres?

Evidentemente, una discusión comprensible de
estos problemas está más allá del alcance de este libro.
Pero sin duda la conciencia es el primer paso, y hablar
en la esfera pública es otro. Estas tendencias solo
pueden ser revertidas por una acción popular.

Al principio en este capítulo me referí a Janusz
Korczak, cuyos escritos sobre los niños son admirados
en toda Europa. Korczak fue un maestro judío polaco,
médico y autor de libros cuya abnegada devoción a los
huérfanos en el gueto de Varsovia le valió el título de
«Rey de los niños». Nunca se cansó de recordar a la
gente cómo se sentía ser un niño en un mundo adulto
y enfatizaba la importancia de educar a los niños no
«de la cabeza» sino «del corazón».

La insistencia de Korczak sobre lo que llamó
«permanecer con el niño» no fue solo un principio.
El 6 de agosto de 1942, cuando 200 huérfanos bajo su
cuidado fueron detenidos y cargados en trenes que se
dirigían a las cámaras de gas de Treblinka, Korczak

rechazó a última hora la oferta de sus gentiles amigos que habían arreglado su escape y prefirió acompañar a los niños a su cargo en el viaje que los llevaría a su muerte.

Pocas historias de devoción son tan conmovedoras como la de Korczak. Nuestras circunstancias pueden ser diferentes, pero a pesar de la distancia entre su época y la nuestra, demasiados niños en el mundo hoy día sufren por falta de semejante guardián: un adulto que los lleve de la mano y se quede con ellos, pase lo que pase. Y así para nosotros, quienes vivimos en un tiempo de relativa paz y prosperidad, las últimas palabras registradas de Korczak no solo nos recuerdan su heroísmo, sino que se destacan como un reto a cada uno de nosotros que ha cuidado de un niño: «No dejes niños enfermos en la noche —dijo— y no los dejes en un momento como este».

Capítulo 8

En honor a los niños difíciles

El niño perdido llora, pero sigue
atrapando luciérnagas.

YOSHIDA RYUSUI

En una cultura repleta de oportunidades
para competir es bastante fácil encontrar reinas adolescentes del pop, prodigios académicos y precoces
jóvenes ejecutivos y empresarios.

Pero existen otras historias que no siempre se
convierten en noticias. Son las historias de los discapacitados en su desarrollo, los desertores escolares y
los delincuentes juveniles. Existe el dolor silencioso
de los obesos, los torpes y los lentos. También la
epidemia de los hiperactivos, los medicados y los
deprimidos. Así que muchos niños carecen de esperanza, no necesariamente porque haya algo malo en
ellos, sino sencillamente porque se les ha hecho
sentir que son perdedores.

Nunca antes la infancia ha sido una travesía tan
solitaria y triste para tantos niños. Uno podría casi
decir que la infancia misma ahora es vista como una
etapa sospechosa en el desarrollo humano. Niños
de todas las edades están siendo censurados, en
el patio de recreo y en la clase, simplemente por
comportarse como niños. A menudo diagnosticados
con «problemas» que antes se consideraban rasgos
normales de la infancia —impulsividad y entusiasmo,
espontaneidad y audacia— millones de niños están
siendo diagnosticados como hiperactivos y drogados
hasta la sumisión. Por supuesto, me refiero al uso
generalizado de Ritalín, Adderall y otros medicamentos similares, y a la fascinación pública con la
medicina como la respuesta a todos los problemas.

Y Ritalín es solo un medicamento de los muchos
que ahora se están usando para controlar y reprimir
a los niños; igualmente preocupantes (e incluso más
tóxicos) son los antidepresivos, los estabilizadores del
estado de ánimo y los antipsicóticos que también se
están prescribiendo a los niños.

Los medicamentos recetados pueden ser apropiados
para ciertas condiciones específicas. Pero en vista de la
explosión del diagnóstico (Estados Unidos tiene el 5%
de la población mundial y el 85% del uso de Ritalín)[1]

cabe preguntarse si no se están usando en exceso. Demasiados niños la reciben como primera opción, en lugar del último recurso. Una vez que comienzan a tomarla, con frecuencia siguen con ella. Y cuando los niños reciben medicamentos recetados corren el riesgo de convertirse en adictos de por vida. Muchas escuelas requieren programas de diagnóstico para el trastorno por déficit de atención con hiperactividad en niños y adolescentes, generando incluso más ventas de la droga.

Críticos como Peter Breggin sostienen que a menudo el ADHD (desorden de hiperactividad y déficit de atención, por sus siglas en inglés; TDAH, trastorno por déficit de atención con o sin hiperactividad, por sus siglas en español) es nada más que una defensa contra el exceso de estructuración, un reflejo natural que solía llamarse desahogarse, liberar el exceso de energía o, alternativamente, un síntoma de varias necesidades emocionales insatisfechas. Breggin, pediatra, escribe:

> La gente llama a drogas como Ritalín un regalo del cielo para los problemas emocionales y de comportamiento... pero pienso que la manera en que se están usando en exceso es absolutamente horrorosa. Cuando el Instituto Nacional de Salud [EE. UU.] me pidió

participar como analista científico sobre los efectos de esos fármacos... revisé la literatura importante y me di cuenta de que cuando se les da a los animales, dejan de jugar, dejan de ser curiosos, dejan de socializar y cesan de intentar escapar. El Ritalín hace buenos animales enjaulados... estamos haciendo buenos niños enjaulados. Está muy bien hablar de que se necesita toda una aldea para criar un niño, pero en la práctica estamos actuando como si pensáramos que solo se necesita una píldora.[2]

Sigue siendo motivo de controversia si el TDAH es o no un diagnóstico válido; hay quienes lo presentan como una enfermedad diagnosticable; mientras que otros dicen que con demasiada facilidad describe casi a todos los niños normales. Pero la mayoría de los padres y maestros que lidian con él diariamente no dudarían en describirlo como desafiante y agotador. No hay duda que el diagnóstico del TDAH alimenta una industria de mil millones de dólares de psiquiatras, terapeutas del comportamiento y fabricantes de fármacos. Pero también es cierto que cada vez más niños están exhibiendo cotidianamente una conducta que es tan perjudicial que sus padres y maestros recurren a los doctores en busca de ayuda porque no pueden conseguirla en otra parte.

Teniendo en cuenta el número de niños que hoy luchan por encontrar una base estable, necesitamos encontrar un nuevo enfoque para la intervención temprana. Sé que para los padres es un alivio saber que las dificultades de su hijo son reconocidas y entendidas. A veces identificar el problema es el comienzo para conseguir ayuda. En otras ocasiones, resulta práctico poner a los niños brillantes y capaces en aulas de niños con necesidades especiales y lento aprendizaje. El creciente número de diagnósticos hace difícil incluso para los maestros más dedicados determinar los dones y limitaciones de cada niño.

Si somos mal informados al pensar que la conducta destructiva de los niños siempre representa algún tipo de enfermedad, y les damos medicamentos que son potencialmente peligrosos, entonces estamos eligiendo el camino más fácil. En lugar de eso, podríamos considerar nuestros hogares y escuelas y reconocer qué tan frecuentemente nuestros afanes y materialismo impiden que los niños encuentren paz interior y estabilidad emocional. Sara Barnett, trabajadora social, cuenta esta historia:

> Cuando trabajaba en una clínica de pacientes externos, los padres solían llevar a sus hijos con una queja genérica como: «No sigue las instrucciones», o «Hace

demasiados berrinches». Hay una etiqueta que se le puede dar a esos niños, se llama «trastorno de comportamiento perturbador», lo cual significa simplemente que se comportan mal o no siguen las indicaciones.

Parte de un tratamiento basado en evidencia para este trastorno se llama «terapia interactiva padre-hijo». La primera parte de la terapia requiere que el padre pase cinco minutos al día jugando con su hijo. ¡Cinco minutos al día! Muchos padres no están dispuestos, y escuché una extensa lista de excusas de por qué no era posible. Una de las razones principales para dejar ese trabajo, después del nacimiento de mi hija, fue que no pude comprender cómo un padre no podía pasar cinco minutos al día con su hijo.

Clínicamente hablando, el comportamiento perturbador tiene su origen en la carencia de un apego adecuado con los padres. No vas a escuchar a tus padres si no hay diálogo. Ellos piensan: «¿Por qué debería escuchar tus indicaciones? No significan nada. No tienes ningún poder sobre mí». Les explicaría esto a los padres y dirían: «Sí, sí, sí». Pero no quieren hacer el trabajo; quieren traerme a sus hijos para que yo lo resuelva. Es doloroso.

Existen muchas causas de la inestabilidad de los niños. Aunque no las podamos resolver todas al mismo tiempo, tenemos algo que decir en nuestra propia familia o salón de clases. Así que comencemos por ahí. Incluso cinco minutos al día es un comienzo. Revertir la tendencia seguramente no será fácil. Pero mientras más lo dudemos, más niños crecerán luchando bajo una pesada carga. Tener etiquetada esa carga no siempre ayuda a hacerla ligera; de hecho puede provocar que los padres, maestros y hasta compañeros respondan a la etiqueta en lugar del niño.

Tenemos que ayudar a cada niño a hacer lo mejor con lo que tiene, mientras respondemos a sus desafíos específicos. Aprendamos de la historia de Kyle, como la cuenta Irene, su madre:

> Kyle tenía seis años cuando fue diagnosticado con el TDAH. Cuando leímos la lista de síntomas, sabíamos que lo describía bien: se distraía con facilidad, tenía dificultad para jugar tranquilamente, hablaba demasiado, tenía problemas para esperar su turno, respondía abruptamente antes que se completara la pregunta, era impulsivo, se retorcía, era inquieto, se mecía al estar sentado, tenía problemas para concentrarse; todo eso era Kyle. Pero, ¿eso significaba que tenía una discapacidad? Nos preguntábamos quién había definido esos misteriosos límites entre la normalidad y la discapacidad.
>
> Kyle nació prematuro, era un niño dormilón que apenas abría sus ojos. A los tres meses despertó y

comenzó una vida intensa. Pataleaba en su cuna a menos que se le diera un nuevo juguete o móvil. Nunca se acurrucó con un animal de peluche y no le gustaba sentarse en las piernas. Comenzó a dar sus primeros pasos a los nueve meses y estaba corriendo al primer año. Cuando se le daba un rompecabezas, lo tiraba y lo volvía a armar rápidamente usando las dos manos.

Palabras y frases completas fluían de su boca como catarata. Siempre estaba ocupado, metiéndose en todo, y apropiándose de los juguetes de otros niños. En el cuidado infantil, su maestro nos dijo «Si no estoy un paso adelante de Kyle, él está dos pasos adelante de mí». A los tres años, corría delante de su grupo y se trepaba en un árbol muy alto para explorar la casita del árbol, mientras su maestro lo buscaba por todos lados. Siempre corriendo, saltando o trepando, se rompió la clavícula en dos ocasiones.

En el primer grado se rebeló contra la rutina del horario escolar. Se portó mal y quebrantó las reglas. No tenía muchos amigos. Se sentía frustrado. Nosotros estábamos frustrados. Parecía que no importaba lo que intentáramos, nada funcionaba. Excepto estar afuera.

Los fines de semana, Kyle pasaba horas observando insectos o trepando árboles y sentándose en las ramas mirando los pájaros. Descubrió nidos y comenzó a coleccionarlos, aprendiendo diferentes formas de pájaros. Escuchando grabaciones, memorizó sus cantos y en los paseos de la familia él podía identificar a los pájaros correctamente, incluso antes de verlos.

El verano traía la alegría de dormir afuera en el patio trasero, haciendo fogatas, asando malvaviscos, durmiendo a la intemperie bajo millones de estrellas. Su padre le ayudó a hacer un pequeño bote, y pasaron horas navegando por torrenciales aguas. Debimos haber recorrido cientos de kilómetros en caminatas y bicicleta, solo para acompasar el ritmo de Kyle.

Pero el otoño siempre llega. Kyle tuvo que regresar al salón de clases, el exceso de estimulación, las demandas. Decidimos tomar acción. Trabajando con sus maestros y nuestro doctor familiar, se nos ocurrió una estrategia.

Comenzamos por descongestionar su habitación y el área de su escritorio en la escuela. Sacamos muchas pinturas, juguetes, libros y juegos, dejando espacio para nidos de pájaros, conchas de mar y trozos de madera. Bajamos el tono de la combinación de colores en su habitación, quitando todo lo brillante y aplicando en su lugar colores pastel.

Hicimos un recorte en las actividades: en las tardes después de un ocupado día de escuela, llegábamos a casa para relajarnos leyendo en la casa del árbol o en el sofá, en lugar de jugar a la pelota. Ya no aceptábamos todas las invitaciones a las casas de otra gente. Amablemente les decíamos que ya teníamos planes, para no herir los sentimientos de nadie, ¡pero nuestros planes eran estar tranquilamente en casa!

Si se acercaba un cumpleaños o excursión de campamento, no le avisábamos con demasiada anticipación, pues esa expectativa no valía la pena el exceso de entusiasmo. Mantuvimos un horario regular en la medida de lo posible, la misma rutina cada día.

Hicimos un pacto de darle estímulo positivo cuando lograra algo, en lugar de negativo cuando no lo hiciera (aun cuando el último ocurriera más seguido). En resumen, tomamos la vida día a día, paso a paso, lo cual es en realidad la forma en que viven los niños.

Al final, la naturaleza siempre fue la medicina más efectiva. Un día de invierno, él estaba sentado tranquilamente, alimentando a un pájaro carbonero con su mano abierta. Un visitante de la escuela le preguntó cómo había domesticado al pájaro. Su sabio maestro comentó: «Kyle no domesticó al pájaro, el pájaro lo domesticó a él».

A todos los padres que están luchando por ayudar a su hijo excepcional a encontrar la ruta hacia adelante, solo sigan caminando, y no dejen de amar. Kyle prosiguió una exitosa carrera en ciencias de computación. Está felizmente casado y tiene dos hijos pequeños.

Recientemente ha comprado una casa completa, con un gran patio trasero lleno de árboles, para que sus hijos descubran su lugar en la naturaleza como él lo hizo.

La familia de Irene tuvo suerte: su doctor familiar y la escuela estaban motivados para trabajar con ellos como equipo en favor de Kyle. Si tan solo eso ocurriera con cada niño. Quizá los consultorios de los doctores y terapeutas deberían poner un letrero: «Cualquier diagnóstico debe ser visto solo como una ayuda para entender los desafíos que este niño enfrenta, para descubrir la mejor manera de apoyarlo a él o ella». Cada niño tiene dificultades, pero si conducen a la realización o al desastre depende mayormente de nosotros los adultos —una responsabilidad enorme—. Eso puede ayudarnos a considerar cuán difícil resulta definir a un niño como «normal». ¿Existe tal cosa? En lugar de categorizar la anormalidad a una temprana edad, podríamos estar liberados para enfocarnos en las raíces del cambio: ambientes más saludables, expectativas menos rígidas, una enseñanza más flexible.

Cuando era niña, Temple Grandin fue diagnosticada como profundamente autista. A fuerza de puro valor, junto con el apoyo de su madre y un visionario profesor de ciencia, se convirtió en una científica, profesora, autora, inventora e incansable activista en favor de los niños que aprenden de manera diferente. En una charla titulada: «The World Needs All Kinds of Minds» (El Mundo Necesita Toda Clase de Mentes), Grandin respondió a la tendencia cultural que presupone que en la educación todos deben entrar en un molde:

> El autismo es un espectro muy amplio y su diagnóstico no es preciso. Es un perfil de comportamiento, una serie de rasgos… La mitad es ciencia, y la otra mitad son las contiendas de los doctores en torno a las mesas de conferencias. Existe otro término, trastorno de comunicación social, el cual dicen que es diferente del autismo. También está el «trastorno de desarrollo generalizado, sin más especificaciones». ¿Qué es eso? Los niños reciben las etiquetas de síndrome de Asperger, TDAH o, Dios no lo quiera, desafiante por oposición, ese es el peor. Cualquier niño se va a volver desafiante por oposición si no está motivado.

> Tenemos que mostrarles a los niños que hay cosas interesantes por ahí para motivarlos. Distintas clases de mentes tienen que trabajar juntas. Me preocupa mucho que nuestro sistema educativo esté olvidando a los pensadores visuales, a los pensadores matemáticos. Las cosas se están volviendo demasiado verbales… Las escuelas están eliminando el pensamiento visual y las clases prácticas. Ya no examinan la aptitud mecánica.

El aprendizaje práctico fue lo que me salvó. Los niños «raros, cerebritos» son la creatividad del futuro... Me preocupa que este país se esté comiendo su semilla educativa.[3]

Grandin llegó a señalar que de acuerdo con el marco de referencia actual para el diagnóstico, genios como Mozart, Tesla y Einstein probablemente serían diagnosticados con alguna forma de autismo. Después de todo, Einstein no habló hasta que tenía tres años. Einstein es uno de mis héroes, no tanto por su genialidad científica sino por su sabiduría y humildad. Con frecuencia habló del verdadero aprendizaje: «No soy ni muy inteligente ni especialmente dotado. ¡Solo soy muy pero muy curioso!» En otras dos ocasiones, escribió:

Lo importante es no dejar de cuestionar. La curiosidad tiene su propia razón de ser. Uno no puede evitar ser curioso cuando contempla los misterios de la eternidad, de la vida, de la maravillosa estructura de la realidad. Es suficiente si uno trata de comprender un poco este misterio cada día. Nunca pierdas esa santa curiosidad. A veces me pregunto: ¿cómo sucedió que yo iba a desarrollar la teoría de la relatividad? La razón, creo, es que un adulto normal nunca deja de pensar sobre los problemas del espacio y el tiempo.

Estas son cosas en las que ha pensado desde niño. Pero mi desarrollo intelectual fue retrasado, como resultado yo comencé a preguntarme sobre el espacio y el tiempo solo cuando ya había madurado.[4]

Einstein habla de sentirse fuera de sintonía con las expectativas. Cada familia, cada clase, tiene ese niño que tiende a presionar los límites o llevar las cosas «demasiado lejos», que es embarazosamente honesto, que siempre está en problemas. Es ese niño sobre el que cada maestro se desconcierta más y cada padre pierde más el sueño. No importa qué tan natural sea el fenómeno, ser un inadaptado nunca es fácil. Janine, una mujer que sufrió señalamiento y rechazo durante años, dice:

> Aun cuando era una niña muy pequeña siempre le dije a la gente exactamente lo que pensaba, aunque esto rara vez fue apreciado. Si alguien tenía una mancha en la cara, si cojeaba o respiraba ruidosamente o tenía un tic nervioso, yo siempre lo señalaba. Si veía un adulto que parecía deprimido, le preguntaba qué le pasaba. Y por supuesto, siempre me regañaban.
>
> Estoy agradecida de que gran parte de mi infancia es ya un vago recuerdo, pero no puedo olvidar la sensación de ser una inadaptada: siempre en problemas y siempre acusada de crear problemas. En la escuela,

una exclusiva y privada, robé, engañé y mentí. Me encerré en mí misma demasiado, y cuando me sentí acosada podía ser mala. Pero también era muy insegura. No sirvió de nada que fuera etiquetada desde el principio, especialmente por un maestro en particular, como aquella de la que tenían que cuidarse. Esa reputación me siguió dondequiera que iba, y ayudó a la gente a suponer que yo siempre me iba a comportar mal. Todos los maestros sustitutos en la escuela fueron advertidos: «Cuidado con ella, por eso se sienta en la primera fila». Mentía para evitar problemas, luego me descubrían y mentía más.

Para el momento en que dejé la escuela primaria, me había rendido a mí misma. ¿Por qué no? Nadie más parecía creer en mí. Aunque frustrada, me endurecí contra cualquier emoción y me convertí en una piedra ambulante. No pude llorar durante años.

Mirando hacia mi infancia ahora, estoy segura que no fue sin culpa. Probablemente fui una niña difícil en muchos aspectos. Pero ¿debería una niña sentirse alguna vez abandonada o marcada hasta el punto de la desesperación? ¿No es el derecho de cada niña sentir que alguien cree en ella, y que las cosas de hecho pueden cambiar?

Aunque las tribulaciones de una mujer como Janine pudieran parecer insignificantes comparadas con el

abuso físico y sexual, no lo son. Como muestra su
historia, el peso de una etiqueta negativa puede ser tan
imposible de llevar para un niño. En cualquier caso,
el sufrimiento emocional de un niño nunca es insignificante. Debido a que son tan vulnerables, y debido a
que dependen de los adultos que les rodean, los niños
son, en mi experiencia, mucho más sensibles a la crítica
de lo que uno podría suponer, y se les puede dañar
mucho más fácilmente. Y aun si su olvido natural
y su sorprendente capacidad de perdonar alivian a
la mayoría de los niños de mucho de lo que podría
agobiar a un adulto, hay algunos cuya confianza en
sí mismos puede ser destrozada por una acusación
injusta, un comentario hiriente o un precipitado error
de juicio.

Cada vez que juzgamos a un niño, fracasamos en
verlo como una persona completa. Es cierto, puede
ser nervioso, tímido, obstinado o violento; podemos
conocer a sus hermanos y sus antecedentes, o pensar
que reconocemos sus rasgos familiares. Pero eso es un
estereotipo. Enfocarse en un aspecto del niño, especialmente uno negativo, es ponerlo en una caja cuyos
lados pueden no corresponder a la realidad, sino solo a
nuestras propias expectativas. Y al clasificarlo como un
resultado olvidamos que su destino no fue puesto en

nuestras manos. También puede limitar su potencial y por tanto la persona en que se convertirá.

Comparar niños —sean los nuestros o los de otras personas— resulta tan malo como etiquetarlos. Por supuesto, todos los niños son diferentes. Algunos parecen tener todos los golpes de suerte, mientras que otros tienen un momento difícil simplemente al afrontar la vida. Un niño regularmente trae a casa calificaciones perfectas, mientras que otro siempre está en el fondo de la clase. Otro es talentoso y popular, mientras que otro más, sin importar cuánto se esfuerce, siempre está en problemas. Los niños deben ser educados para aceptar estos hechos. Pero como padres, y educadores, también debemos hacer nuestra parte y evitar mostrar cualquier favoritismo y comparación de nuestros niños con los demás. Por encima de todo, debemos abstenernos de obligarlos a convertirse en algo que su carácter único y personal nunca les permitiría ser.

Las habilidades de un niño nunca deben ser reprimidas o ignoradas. Pero también hay peligros en fomentarlas demasiado. El elogio debe estar basado en el trabajo duro y el mejoramiento, no en los dones inherentes del niño. No es tarea pequeña guiar a un niño que se ha hecho demasiado consciente de sus

talentos, y cuando esto es el resultado de la adulación,
resulta todavía más difícil. A esto se añade una exagerada noción de valor propio, casi siempre adquirida a
expensas de otros, y el resultado es un hijo que puede
tener grandes dificultades en relacionarse con sus pares.
Sucede lo mismo con la atención extra y el sutil
favoritismo dado a los niños cuyo atractivo físico,
sonrisas alegres y personalidades llevaderas les
permiten deslizarse a través de la infancia. Mi abuelo
señaló que tales niños cargan con una «maldición
dorada»: la peligrosa ilusión de que, debido a que
todo y todos les favorecieron en la infancia, el mundo
adulto les tratará de la misma manera.

Como padres y maestros, podemos también
confundir niños «buenos» con los simplemente
«fáciles». Criar un niño bueno es una meta dudosa
en primer lugar, porque la línea entre inculcar integridad y generar moral es muy fina. Como el educador
Thomas Lickona ha señalado, meterse en problemas
puede ser una parte vital en la formación del carácter
del niño:

> Usted quiere alentar la obediencia, pero no quiere
> reprimir la independencia. Sabiamente se ha dicho que
> cada niño debe tener la confianza de portarse mal en
> ocasiones. Es importante darles a los niños espacio

para que sean menos que perfectos... La muchacha
que es un «angelito» cuando era niña no necesariamente será un adulto independiente y con iniciativa.[5]

Si bien la alabanza excesiva puede perjudicar a un
niño «bueno», las comparaciones negativas que dejan
al otro un sentimiento de que es «malo» pueden ser
totalmente devastadoras. Esto es porque en la medida
en que comparamos las cualidades del niño «malo»
con las del «bueno», atamos su autoestima a su capacidad de mantenerse al nivel de otra persona, y por
tanto lo atrapamos en un ciclo interminable de frustración y dudas sobre sí mismo.

Como padre, a menudo pienso en las simples
palabras de Korczak: «Estoy convencido de que hay
diez veces más de bueno que de malo en un niño, y
en cuanto a lo malo, podemos esperar y ver». Como
orador en escuelas, he compartido las siguientes palabras, escritas por un grupo de estudiantes, con un
sinnúmero de niños. Para mí, expresan en el lenguaje
de los niños todos los mensajes positivos que pueden
perderse en la lucha por «solo pasar el día»:

> Eres muy especial. En todo el mundo, no hay nadie
> como tú. Desde el principio del tiempo, nadie ha
> tenido tu sonrisa, tus ojos, tus manos, tu cabello. Nadie
> posee tu voz, tu escritura, tu manera de comunicarte

con los demás. Nadie pinta como tú, ni tiene tus
gustos. Nadie ve las cosas como tú las ves. Nadie jamás
se ha reído o llorado exactamente como tú.

Nadie más en el mundo tiene tu singular conjunto
de habilidades. Siempre habrá alguien que es mejor en
una cosa o la otra. Cada persona es superior que tú en
al menos un sentido. Pero nadie en este mundo tiene
tu combinación específica de talentos y sentimientos.
Y debido a eso, nunca nadie podrá amar, caminar,
hablar, pensar o actuar exactamente como tú.

Cualquier cosa que es rara o única tiene un valor
enorme, y es lo mismo contigo. No eres un accidente:
Dios te hizo con un propósito especial. Dios te dio
una tarea y un propósito que nadie más puede hacer
tan bien como tú. De los mil millones de solicitantes,
solamente uno está calificado. Solo uno tiene la
correcta combinación de lo que se requiere: y ese
eres tú.[6]

Dondequiera que leo esas palabras a los niños, es
hermoso ver la respuesta. Se les recuerda que sus vidas
tienen significado, independientemente de sus fallas o
sus luchas.

Con frecuencia es difícil para los padres ver los
beneficios de haber criado un hijo difícil, incluso
cuando el resultado es positivo. Para algunos, el dolor
y el daño simplemente han sido demasiado grandes;

para otros, la sensación de alivio es tan grande que, una vez que la batalla ha terminado, ni los padres ni el hijo lo vuelven a mencionar. Pero por extraño que parezca, creo que entre más desafiante sea el niño, más agradecidos deben estar los padres. En todo caso, los padres de niños difíciles deberían ser envidiados, porque son ellos, más que los demás, quienes se ven obligados a aprender el secreto más maravilloso de la verdadera paternidad y maternidad: el significado del amor incondicional. Un secreto que permanece oculto para aquellos cuyo amor nunca ha sido probado.

Si damos la bienvenida a la posibilidad de criar un niño problemático con estas cosas en mente, comenzaremos a ver nuestras frustraciones como momentos que pueden despertar nuestras mejores cualidades. Y en lugar de envidiar la facilidad con la cual nuestros vecinos parecen criar al hijo perfecto, recordaremos que los infractores de las normas y los niños que muestran sus cuernos a menudo se convierten en adultos autosuficientes e independientes, más que aquellos que nunca han probado sus límites. En palabras de Henry Ward Beecher, el reformador social del siglo XIX, abolicionista y predicador: «La energía que hace a un niño difícil de manejar es la energía que posteriormente lo convierte en un gerente de la vida».

Y aun si las tribulaciones de nuestra propia infancia nos dejan vacilando en aceptar semejante visión positiva, siempre podemos apartar nuestra mirada de nosotros mismos y ponerla en nuestros hijos. Al amar y ser amados por ellos siempre redescubriremos el poder de perdonar, la importancia de dejar atrás el pasado y el optimismo que nace de la esperanza. El perdón es necesario docenas de veces al día. No importa cuántas veces un niño se meta en problemas, nunca pierdas la fe en él. Etiquetar a un niño al decirle que no tiene esperanza significa ser tentado por la desesperación, y en la medida en que la desesperación es falta de esperanza, también es falta de amor. Si verdaderamente amamos a nuestros hijos, es posible que a veces nos llevemos las manos a la cabeza en señal de desesperación, pero nunca vamos a abandonarlos o renunciar a ellos. Dios les dio a los hebreos no solo la Ley de Moisés sino también maná, el pan del cielo. Sin esa clase de pan, es decir, sin calor humano, humor, bondad y compasión, ninguna familia puede sobrevivir.

En lugar de callar a los niños que nos avergüenzan, en lugar de reprimir a los que no se adaptan, en lugar de analizar a los que tienen problemas y sacar conclusiones sobre su futuro como delincuentes, necesitamos darles la bienvenida a todos tal como son. Al ayudarnos a descubrir las limitaciones de la «bondad» y el aburrimiento de la conformidad, ellos pueden enseñarnos la necesidad de ser genuinos, la sabiduría de la humildad, y la realidad de que en la educación y en la crianza de los hijos, como en cualquier otra cosa, nada bueno se gana sin luchar.

Capítulo 9

Descubriendo la reverencia

Cuando un niño va por el camino,
una compañía de ángeles va delante
de él proclamando: «Abran paso a
la imagen del Santo».

D I C H O   H A S Í D I C O

En una sociedad agobiada por un sinnúmero de problemas, los peligros mayores para los niños son evidentes: pobreza, violencia, abandono, enfermedad, abuso y otros innumerables males. Pero ¿qué puede hacer cualquiera de nosotros para superarlos? En un ensayo sobre la cuestión de la renovación social, Hermann Hesse sugiere que el primer paso es reconocer su causa fundamental: nuestra falta de reverencia por la vida.

Toda falta de respeto, toda irreverencia, toda dureza de corazón, todo desprecio no es otra cosa que matar. Y es posible matar no solo lo que está en el presente,

sino también lo que está en el futuro. Con solo un
poco de ingenioso escepticismo podemos matar buena
parte del futuro en un niño o un joven. La vida está
esperando en cualquier lugar, floreciendo por doquier,
pero solo vemos un mínimo de ella y pisoteamos gran
parte con nuestros pies.[1]

Hesse señala algo que pone en peligro a los niños
más que cualquier otra cosa en el mundo actual. La
irreverencia por los niños impregna casi todo en una
cultura que glorifica el sexo y la violencia a costa de la
inocencia y la ternura. Aunque nadie es inmune ante
esta destructiva tendencia, las mayores víctimas son
siempre los niños. Con frecuencia parece que no se les
da la oportunidad de crecer en absoluto, son lanzados
a la vida adulta antes de que sus corazones sean
capaces de distinguir entre lo que es bueno y lo que es
fascinante. Terminan imitando lo peor de la conducta
de los adultos sin saber lo que están haciendo. Puede
ser que no hayan madurado, pero tampoco son realmente niños.

Diane Levin, defensora de los niños, destaca la
fuente de gran parte de esta contaminación:

Después de una semana de vacaciones escolares, una
maestra realizó una reunión de grupo con niños de seis

y siete años en su clase. Cuando les pidió compartir su actividad favorita en sus vacaciones, todos los niños dieron un ejemplo de los medios digitales. Para los niños, fue jugar videojuegos, a menudo violentos. Para las niñas, fue principalmente ver a las jovencitas entre las actuales intérpretes populares femeninas. Cuando la maestra les preguntó a los niños qué hubieran hecho en sus vacaciones si no hubieran tenido ningún aparato con pantalla para usar, la miraron fijamente sin comprender...

Una disminución de las habilidades sociales puede aumentar cuando se combina con el mensaje de los medios de comunicación: de violencia, agresión, conducta mal intencionada, así como de sexo, sexualización y énfasis en la apariencia. La cultura de los medios frecuentemente promueve una visión estereotipada de que, para las niñas, la base de las relaciones es la forma en que se ven y las cosas que tienen, en lugar de su conexión con los demás. Esa misma cultura mediática enseña a los niños a juzgarse a sí mismos y a otros según lo fuertes que son, cuán independientes y dispuestos a pelear, no por su conexión positiva con los demás. En cierto sentido, tanto niños como niñas se convierten en objetos. La objetivación de uno mismo y los demás hace mucho más fácil actuar en forma negativa e insensible en las relaciones.[2]

Cuando los niños sienten que están siendo tratados como objetos, ¿por qué no deberían responder en consecuencia? Es como si todo lo que es maravilloso, único y milagroso de cada vida se redujera al mínimo común denominador: el género. Sin un claro sentido de sí mismos, no pueden tener ningún aprecio de quiénes son ni cómo llegaron a ser lo que son. Luego se les alimenta con una interpretación nueva y perversa de lo que significa ser hombre o mujer.

Esto promueve la formación de camarillas, las cuales a menudo conducen al acoso y la intimidación. Los niños tienden a asumir una falsa hombría, la arrogancia del macho que oculta (al menos para ellos mismos) la cobardía colectiva. Las camarillas de las niñas pueden resultar igualmente dañinas por su exclusividad y presión cruel para conformarse. Peor aún, estos niños son prematuramente agobiados con la sexualidad adulta.

Shaina, madre de una adolescente, aborda esta definición corrupta de la niñez femenina:

> Cuando la última reina adolescente debutó en la televisión, mi hija tenía once años. Yo trabajaba hasta tarde y rara vez tenía tiempo de ver la televisión y evaluar el mensaje positivo de la serie. Pero todas las mamás de las amigas de mi hija me aseguraban que era buena

onda, no se vestía como prostituta, cantaba canciones
con letras que cualquier padre aprobaría, tenía una
excelente relación con su padre, etc. Dejé que mi hija
abordara ese tren, sin estar segura de que pudiera
mantenerla fuera.

Cuando mi hija estaba usando los trajes, entonando
las canciones, bailando como en la serie, analizando sin
parar cada programa con sus amigas, la fama atrapó a la
joven intérprete. Desapareció en una ráfaga de cargos
por drogas, fotografías comprometedoras, sobornos
y mentiras. Cuando volvió a aparecer, se había rein-
ventado a sí misma con la apariencia, el sonido y la
actuación de una ramera. Y estaba arrastrando con ella
a todas sus «chicas buenas», que la adoraban.

Me dolió por ella tanto como por mi propia hija.
No debería haber estado en un escenario a los doce
años de edad. Sus padres no deberían haberla puesto
ahí, y yo no debí haber dejado que mi hija viera eso.
La fama se come a los niños, sin disculpas ni explica-
ciones. No existen buenos modelos en esos escenarios,
se convierten en bombas suicidas, arrastrando con
ellos a todos los espectadores.

Así que muchas características de nuestra «avanzada
civilización» parecen empeñadas en destruir el espíritu
de la infancia. Ya sea el materialismo, los medicamentos recetados, la estandarización escolar,

los dispositivos tecnológicos, o el sensacionalismo degradado que pasa por entretenimiento, todos perjudican a los niños.

Creo que al nacer todos los niños son portadores del sello de su creador. Su pureza e inocencia es un gran regalo. Una vez que se pierde, no se puede reemplazar. Más todavía, debe ser guardado como un tesoro que nadie tiene derecho a destruir.

Si vamos a proteger la inocencia en un niño, necesitamos limpiar nuestros propios corazones de la contaminación. La autora Magda von Hattinberg dijo una vez:

> Siempre siento que mantenemos nuestra infancia encerrada adentro, en un armario oculto. La llevamos con nosotros, y la vemos con mayor claridad en aquellos momentos en que somos capaces de sentirnos apasionadamente receptivos a los niños. Creo que algunas personas han sepultado su infancia, o han hecho algo terrible: la han asesinado. Estos son los tristes personajes que uno ve pasando con indiferencia o remordimiento ante una carita inocente y pequeños bracitos abiertos.[3]

Nuestra respuesta ante el encuentro con un niño debe ser nada menos que la reverencia. Quizá debido a que la palabra suena anticuada, su verdadero significado se

ha vuelto confuso. Reverencia es más que solo amor.
Incluye un aprecio por las cualidades que tienen los
niños (y que nosotros hemos perdido), una buena
disposición para redescubrir su valor y la humildad
para aprender de ellos.

Reverencia es también una actitud de profundo
respecto, como lo expresó mi abuelo en las siguientes
palabras:

> Son los niños quienes nos conducen a la verdad. No
> somos dignos de educar ni siquiera a uno de ellos.
> Nuestros labios son impuros, nuestra dedicación no
> es sincera. Nuestra veracidad es parcial; nuestro amor
> está dividido. Nuestra bondad no es sin motivos.
> Nosotros mismos todavía no estamos libres de
> desamor, codicia y egoísmo. Solo los sabios y santos,
> solo aquellos que se presentan como niños delante de
> Dios, son los que realmente sirven para vivir y trabajar
> con niños.[4]

Pocos nos atreveríamos a considerarnos sabios o
santos. Pero esa es exactamente la razón de por qué la
base de la educación debe ser no solo conocimiento y
comprensión sino también reverencia. En la novela de
Erich Maria Remarque, *The Road Back*, escrita poco
después de la primera guerra mundial, hay un pasaje
que ilustra esta creencia de una manera inolvidable.

El que habla es Ernst, un veterano de guerra en las
trincheras:

Llega la mañana. Voy a mi clase. Ahí se sientan los
pequeños con los brazos cruzados. En sus ojos todavía
está el tímido asombro de sus años infantiles. Me
miran con tanta confianza, con absoluta credibilidad;
de repente siento un espasmo en el corazón.

Aquí estoy ante ustedes, uno de los cientos de miles
de hombres arruinados a los que la guerra destruyó
toda creencia y casi todas las fuerzas. Aquí estoy ante
ustedes, y veo cuánto más vivos, cuánto más arrai-
gados en la vida están ustedes que yo... ¿Les diré que
en veinte años ustedes estarán resecos y paralizados,
sus impulsos más espontáneos estarán atrofiados y
comprimidos sin piedad dentro del mismísimo molde?

¿Debería decirles que todo aprendizaje, toda cultura,
toda ciencia es nada más que una repugnante burla,
siempre y cuando el género humano haga la guerra
en nombre de Dios y la humanidad con gas, hierro,
explosivos y fuego? ¿Qué debo enseñarles entonces,
pequeñas criaturas que son las únicas que han quedado
sin mancha durante los años terribles?

[...] ¿Debo decirles cómo quitar el seguro de una
granada de mano, cómo lanzarla mejor a un ser
humano? ¿Debo mostrarles cómo apuñalar a un
hombre con una bayoneta...? ¿Debo demostrarles

cómo apuntar mejor con un rifle hacia un corazón vivo, ese incomprensible milagro del pecho que respira?

Parado ante ustedes, un hombre culpable, contaminado, que solo puede implorarles que siempre permanezcan como son, nunca permitan que se abuse de la luz radiante de su infancia para encender una llama de odio. En sus frentes todavía sopla el aliento de la inocencia. ¿Cómo entonces debo presumir enseñarles? Detrás de mí, todavía persiguiéndome, están los años sangrientos. ¿Cómo puedo entonces aventurarme entre ustedes? ¿No debo convertirme primero en niño otra vez?

Siento un calambre que se extiende en todo mi ser, como si fuera a convertirme en piedra, como si fuera a desmoronarme... «Niños —les digo con dificultad— ya se pueden ir. Hoy no habrá clases».

Los pequeños me miran para asegurarse de que no estoy bromeando. Asiento una vez más. «Sí, así es: vayan a jugar hoy, todo el día. Vayan y jueguen en el bosque, o con sus perros y gatos, no necesitan regresar hasta mañana».[5]

Si se intenta hacer algo similar en un aula real, uno sería cuestionado, si es que no lo despiden. Pero el punto, como Remarque deja claro, no es el incidente mismo. Lo que es significativo aquí es que el corazón de un hombre fue tocado por un espíritu que nuestra

época ha perdido por completo. Él reconoce, cuando
encara la inocencia y vulnerabilidad, la honestidad y
espontaneidad, que la única respuesta apropiada es
la reverencia.

Comprender la reverencia puede cambiar nuestra
percepción del mundo y nuestra tarea en él. Esta
simple palabra puede ayudarnos a mantener nuestras
vidas libres de enredos que pueden arrastrarnos hacia
el fondo. Sabiendo que gente joven está observando
todos nuestros movimientos, podemos ser modelos de
integridad y respeto. Podemos vestirnos en una forma
que exprese nuestro valor interior, en vez de degra-
darlo. En lugar de bombardear a los niños pequeños
con información explícita sobre la sexualidad y la
reproducción, podemos dejarlos crecer a su propio
ritmo en la comprensión de lo que significa un ser
humano, y responder preguntas con honestidad y
sencillez a medida que vayan surgiendo.

Podemos modelar relaciones saludables. Aprendí
la importancia de esto de mis propios padres, que
podrían estar en desacuerdo muy abiertamente entre
ellos, pero siempre terminaban el debate con risas
y abrazos. Vi que mi padre no se avergonzaba de
mostrar ternura y que la gentil guía de mi madre
estaba respaldada con enorme valentía. Su matrimonio,

construido con fidelidad y respeto, fue un ejemplo para todos los que los conocieron.

Una vez que tengamos reverencia por cada vida, también tendremos compasión y enseñaremos a otros su valor. Aun el niño más endurecido y distante puede aprender empatía, y es maravilloso ver cuando sucede. Eso es lo que Mary Gordon descubrió cuando fundó Roots of Empathy (Raíces de empatía), un programa que lleva bebés a los salones de clases, con extraordinarios efectos para reducir el acoso escolar, y fomentar una mayor comprensión y solidaridad. Ella escribe:

> Darren fue el niño de mayor edad que tuve en una clase de Roots of Empathy. Estaba en octavo grado y había sido retenido dos veces. Era dos años mayor que los demás y comenzaba a salirle la barba. Yo sabía su historia: su madre fue asesinada ante sus ojos cuando tenía cuatro años de edad y desde entonces había vivido en varios hogares de crianza. Darren parecía amenazante porque quería que supiéramos que era duro, tenía rapada la cabeza, se había dejado una colita de caballo en la parte superior y tenía un tatuaje en la parte trasera de la cabeza.
>
> La instructora del programa de Roots of Empathy estaba explicando al grupo sobre las diferencias de temperamento. Invitó a una joven madre que estaba

de visita en la clase con Evan, su bebé de seis meses,
a compartir sus pensamientos sobre el temperamento
de su bebé. Al unirse a la discusión, la madre le dijo al
grupo que a Evan le gustaba mirar hacia afuera cuando
estaba en el portabebés, que no quería acurrucarse con
ella, y cuánto deseaba que él fuera un bebé más tierno.
Cuando la clase terminó, la madre preguntó si alguien
quisiera probar el portabebés, verde y adornado con
un brocado rosa.

Para sorpresa de todos, Darren se ofreció a
probarlo, y cuando los otros estudiantes se apresu-
raron a prepararse para el almuerzo, él se ajustó las
correas. Luego preguntó si podía poner a Evan. La
madre estaba un poco preocupada, pero le entregó al
bebé, y él puso a Evan dentro mirando hacia su pecho.
Ese sabio bebito se acurrucó justo ahí, y Darren lo
llevó a una esquina tranquila y se balanceó hacia atrás
y hacia delante, con el bebé en sus brazos por varios
minutos. Finalmente, regresó al lugar donde la madre
y la instructora los estaban esperando y les preguntó:
«Si nadie te ha amado jamás, ¿creen que todavía podría
ser un buen padre?»

Aquí se había sembrado una semilla. Este
muchacho, que ha visto cosas que ningún niño debería
ver, cuya joven vida ha sido marcada por el abandono,
quien ha luchado a la edad de 14 con un mínimo

recuerdo de amor, ha visto un rayo de esperanza.

Durante esos momentos de contacto con el afecto incondicional del bebé, un muchacho ha captado la imagen de sí mismo como padre que va en contra de una infancia de desamor. El bebé pudo haber cambiado la trayectoria del futuro de este joven al permitirle ver la humanidad en sí mismo.[6]

Podemos hablar sobre la compasión. Pero es más probable que sea verdadera cuando servimos como voluntarios con nuestros hijos en un comedor popular o en las olimpíadas especiales, o cuando los llevamos a visitar un centro para ancianos o un hospital. Entre más frecuentes sean las visitas, mayor comprensión crecerá en el corazón de nuestros hijos. En lugar de reaccionar con miedo o con lástima, ellos responderán con sus corazones, y el respeto vendrá después. Lena, maestra y escritora, cuenta las experiencias de su familia:

> No tiene que ser complicado, pero es muy importante mostrar a los niños cómo tratar a todos con respeto. Si no se lo muestras, no importa cuántas veces se lo digas.
>
> Cuando vivíamos en México, solía trabajar en los asentamientos de las colinas fuera de la capital, entregando medicinas a la gente enferma y visitándoles. Un día mis hijos no tenían escuela y los llevé conmigo. Cada vez que nos deteníamos en la casa de alguien,

nos querían dar algo, una lata de refresco o un jugo embotellado. Los niños podían ver que nuestros anfitriones nos ofrecían lo mejor que tenían y lo recibieron con aprecio.

Quiero que mis hijos sean capaces de tratar a cada persona, no importa qué tan rico o pobre sea, con dignidad y respeto. Hay un dicho en México: «Mejor es tener amigos que dinero». Ahora mis hijos pueden ver la verdad en eso.

Hoy día incluso los niños pequeños escuchan sobre muchos acontecimientos amenazantes, desde el terrorismo y la guerra hasta el calentamiento global y el hambre generalizada. Todo esto puede hacer temeroso a un niño. Aquí la simple fe de un niño en el poder del bien —que el amor y la compasión son más fuertes que el odio y la indiferencia— puede transformar rápidamente este temor en confianza y un deseo de hacer algo por los demás. He encontrado esta fe en los niños de todo el mundo, independientemente de su religión. Pero los padres necesitan fomentarla. Cuando les decimos a nuestros hijos que el Dios que hizo el mundo ama a cada uno de ellos de manera personal, les damos una profunda seguridad de que, pase lo que pase, nunca están solos.

Como pastor, creo que aunque Dios y Jesús sean «ilegales» en los salones de las escuelas públicas, los maestros nunca deben tener miedo de vivir su fe, aun sin palabras, y dejar que guíe sus interacciones diarias con los niños. Podemos reconocer y proteger la chispa de lo eterno que vive en cada uno de ellos, el alma única que necesita nuestra reverencia y respeto, sin importar cuán difícil o infeliz pueda ser el niño. La propia fe del niño debe ser respetada y afirmada. Si ellos creen que Dios lo ve todo, que su ángel de la guarda vela por ellos, o que Jesús es su amigo, esto puede ayudarles a soportar las presiones que inundan nuestra cultura.

Hay otra esfera en la vida que debe ser presentada al niño con gran reverencia. Para mí, el misterio del nacimiento y la muerte solo se pueden expresar en términos de eternidad. Esto no solo se debe a mi formación, puesto que mis padres vivieron su fe más que hablar de ella. Más bien, se debe a las ocasiones en mi propia vida en que algo mucho mayor que las palabras podía sentirse claramente por medio de alguien que nunca dijo una palabra. He visto cómo aun la vida más breve puede transformar a todos aquellos que están a su alcance.

Mi pequeña hermana Marianne murió cuando yo tenía seis años. Nuestra familia había esperado su llegada con gran ilusión. Ella nació después de una labor de parto muy difícil de mi madre durante más de 60 horas y sufrió una insuficiencia cardiaca casi mortal. Fue milagroso que sobreviviera el parto en un hospital de una primitiva aldea en Paraguay. Pero la pequeña estaba gravemente enferma y solo vivió 24 horas. Debido a que vivíamos lejos del hospital y como yo tenía solo seis años, nunca pude ver, tocar o sostener a mi pequeña hermanita. Aun así, he sentido esta pérdida toda mi vida. Con el tiempo, se ha vuelto todavía más importante para mí recordar que Marianne fue —y es— una parte real de mi vida y mi familia. Aunque ella estuvo aquí en esta tierra solo por un día, siempre será mi hermana.

Años más tarde, experimenté este vínculo con el cielo aún más claramente a través de otra niña, mi nieta Stephanie Jean, quien permanecerá en mi corazón por el resto de mi vida. Cuando Stephanie nació, supimos de inmediato que era una niña muy especial con graves anormalidades. Fue diagnosticada con Trisomía 13, un trastorno genético caracterizado por una esperanza de vida muy breve. La mayoría de los infantes que nacen con este trastorno mueren en cuestión de pocos días.

Stephanie tuvo tres hermanas y un hermano. Se esforzaron por comprender que sus padres no iban a traer a casa a la pequeña saludable que todos anhelaban, sino a una bebita extremadamente discapacitada que no viviría mucho tiempo. Oramos constantemente que se hiciera la voluntad de Dios en su vida, y que comprendiéramos el significado de su nacimiento. Como abuelos, experimentamos la maravilla de abrazarla casi a diario. Stephanie vivió durante cinco semanas y, cuando llegó el momento, murió en paz. En el funeral no podíamos creer la cantidad de personas que asistieron. Todos habían escuchado de su nacimiento y diagnóstico, y les afectó profundamente. Querían participar en la última expresión de amor por una niñita que en cierto modo pertenecía a todos.

Vino gente de todos los vecindarios y más allá: trabajadores de la construcción, los maestros y compañeros de sus hermanos, personal ejecutivo del condado, personal de la policía local y otros de la comunidad de las fuerzas del orden. Cuando se estaba cavando a mano su pequeña tumba, todos estos amigos y vecinos quisieron tomar turnos, como un inolvidable gesto de reverencia. Fue extraordinario como en poco tiempo esta pequeña niña había tocado e influenciado las vidas de tantas personas.

Mi nieta no ha sido olvidada. Ella es como un rayo de luz del cielo que continua obrando en la gente y cambiando sus vidas. Mi esposa y yo todavía agradecemos que Dios la diera a nuestra familia y a todos los que conoció.

Hay muchos otros como Stephanie. Para mí, cada niño es parte del plan de Dios, y Él no comete errores. Cuando un niño está discapacitado, su vida adquiere un significado especial. Dondequiera que encontremos esos niños, necesitamos prestar atención. Tienen cosas sorprendentes para enseñarnos acerca de la confianza y el amor incondicional.

En una época en que a la gente a menudo se la evalúa en términos de su valor, inteligencia o atractivo, existen muchos que no son queridos ni apreciados. Pero si verdaderamente amamos a los niños, les daremos la bienvenida a todos. Como dijo Jesús, «cualquiera que reciba en mi nombre a un niño como este, a mí me recibe».

Cuando era adolescente varias veces tuve el privilegio de encontrarme con Dorothy Day, la legendaria pacifista que fundó el Catholic Worker (Movimiento del Trabajador Católico), y participar en algunas discusiones que hacían reflexionar. En sus días bohemios, Dorothy había tenido un aborto, pero varios años más tarde dio a luz a su hija Tamar, y fue inspirada a escribir: «Aun la más endurecida, la más irreverente, se impresiona por el formidable hecho de la creación. No importa cuán cínicamente o casualmente el mundo pueda tratar el nacimiento de un niño, sigue siendo espiritual y físicamente un evento extraordinario».[7] El nacimiento de Tamar cambió la vida de su madre, y de hecho, cada niño tiene tal poder de transformación. Esto es tan cierto tanto del bebé que nació muerto como del niño que muere joven.

Ya sea que creamos o no en un Dios amoroso, todos podemos mostrar amor y respeto hacia los niños bajo nuestro cuidado. Esto a su vez despertará su propio sentido innato de reverencia, tanto para ellos como individuos únicos como para otros, igual de valiosos e incomparables. Solo entonces podrán comprender verdaderamente su propósito y responsabilidad en el mundo.

Capítulo 10

El mañana llega

*Solo hay dos legados perdurables que
podemos esperar darles a nuestros hijos.
Uno de ellos son las raíces; el otro, las alas.*

HENRY WARD BEECHER

No hay nada como la alegría de ver crecer
a tus hijos, de experimentar el desarrollo de sus
personalidades y preguntarte en qué se convertirán.
Pero siempre y cuando tengamos niños encomen-
dados a nuestro cuidado, no podemos olvidar que las
demandas que nos hacen deben ser contestadas en el
presente. Su nombre es hoy. Lo que los niños necesiten
en la forma de guía, seguridad y amor, lo necesitan
ahora. Porque muy pronto llegará el momento en que
tengan que volar por su cuenta, y entonces no habrá
manera de retenerlos.

Kahlil Gibran ilustra esta poderosa verdad:

Ustedes son el arco desde el que sus hijos
como flechas vivientes son impulsados hacia adelante.
El arquero ve el blanco en la senda del infinito,
y los doblega con su poder
para que sus flechas puedan ir veloces y lejanas.
Dejen alegremente que la mano del arquero
    los doblegue;
pues así como Él ama la flecha que vuela,
    así también ama el arco que permanece estable.[1]

¡Cuán intensamente cada flecha viviente anhela viajar
«veloz y lejana»! Cuán duro debe trabajar cada padre
para mantenerse como un arco estable. No es poca
cosa cuidar incluso solamente a un niño, guiarlo a
través de aquellos primeros años formativos, navegar
en las tempestades de la adolescencia, y dirigirlo hacia
las responsabilidades de la edad adulta. Al parecer hay
peligros en todas partes. Al tratar de mantener su arco
firme, aun los padres más dedicados pueden verse a sí
mismos titubeando demasiado en los extremos de una
dirección o de otra.

Ed, un consejero escolar, dice que entre los adolescentes con los que ha trabajado, los que se desvían más
lejos y más rápido de los valores de sus padres son los

que fueron sobreprotegidos y nunca se les dio la oportunidad de volar:

> Nick, un hombre joven, jugaba con sus padres mientras estaba en la escuela preparatoria: era un niño modelo, educado y amable. Pero deberías haberlo visto una vez que dejó el hogar: bebía demasiado, estaba obsesionado con el sexo y era completamente incapaz de controlarse.
>
> Cara, otra estudiante, sentía que a sus padres no les importaba mucho ella como persona, sino solamente en la medida en que era el reflejo de ambos. Cara mantuvo su rebeldía en secreto la mayor parte del tiempo, pero aun entonces estaba furiosa. Estaba convencida que nunca alcanzaría el ideal de la chica «agradable», y entre más estrictos eran con ella, más insolente se portaba. Al final, se escapó para reunirse con otros familiares en California, y dejó claro que no quería tener más contacto.

En ambas situaciones, debido a que sus padres les negaron la oportunidad de cometer errores, todo esfuerzo por criarlos exitosamente terminó tristemente. En el caso de Nick, el patrón es clásico: el niño esmeradamente pulcro se sometía mientras tuviera que hacerlo, pero una vez que las circunstancias lo pusieron fuera del control de sus padres, no había nada que pudieran hacer, y tampoco había algo que él pudiera hacer, puesto que carecía de un fundamento sobre el cual mantenerse. Con Cara el problema era también familiar: al olvidar que su hija era una persona por derecho propio, sus padres parecían actuar más con posesión que con genuina preocupación, y terminaron batallando con las justificables protestas de una hija que se negaba a ser su propiedad.

¿Cuál es la alternativa? Para ponerlo simplemente: libertad. Según mi abuelo «No es la sobreprotección de los adultos ansiosos, sino la confianza en un cuidado vigilante más allá de nuestro poder lo que le da al niño un instinto seguro en situaciones peligrosas. En la libertad radica la mejor protección para un niño».[2]

Libertad no significa licencia para hacer lo que uno quiere. Después de todo, somos libres de conducir en sentido contrario a la circulación, pero ¿a qué costo? El deseo juvenil por independencia es bastante natural, pero a los niños se les debe enseñar que siempre viene con las responsabilidades correspondientes. No darle ninguna dirección incluso al adolescente más maduro es pedir problemas. Como muestra la siguiente anécdota de mi amiga Jean, también resulta contraproducente:

Fui criada en un hogar muy permisivo. Esto fue intencional de parte de mis padres. No estaban de acuerdo con lo que sentían era una manera represiva, la forma en que fue criada mi madre, y decidieron ser muy diferentes con sus hijos.

Mi padre quería que yo supiera que «no había tal cosa como la verdad absoluta» y él aborrecía a la gente que era cerrada o de mente estrecha. Un vez ilustró este punto de esta manera: Si se construye un nuevo puente conectando Brooklyn y Manhattan, será fabuloso para la gente que maneja sobre el puente, pero desastroso para aquellos que tienen que renunciar a sus hogares para hacerlo posible. Todo es relativo, bueno para alguna gente, malo para otra.

La manera en que se aplicaba a mi vida era que yo podía hacer lo que quería. Mi padre dijo: «Cuando toques la estufa, sabrás lo que es el calor. Tú aprenderás sobre la vida a partir de tus propias experiencias».

No se esperaba que hiciera nada en la casa. Mi madre a menudo se quejaba de lo desordenada que estaba mi habitación, pero nunca se hizo nada para cambiarlo. Recuerdo la vez que anuncié que me iba de la casa y mi padre dijo: «Muy bien, te ayudaré a empacar».

Estoy segura que tuve algunas experiencias maravillosas en mi niñez; es simplemente que la idea de

la inocencia infantil no era tenida en alta estima en
nuestra casa. Si llegaba tarde o no quería volver a casa
en la noche, estaba bien... Para el tiempo que era una
joven adulta había experimentado de todo lo que se
me cruzó en el camino.

Aunque muchos adolescentes podrían considerar un
ambiente tan indulgente como el hogar ideal, Jean
dice lo contrario. De por sí tímida y extremadamente
vergonzosa, la ausencia total de límites o fronteras
solo agudizó sus sentimientos de inseguridad y la
hizo deprimirse:

> La verdadera alegría era algo desconocido para mí.
> Estaba vacía por dentro, y desesperada por encontrar
> algo a qué aferrarme. Ahora, como madre de adoles-
> centes, tengo grandes dificultades para ayudarlos. No
> quiero el mismo vacío para ellos. Siento su necesidad
> de directrices claras, pero con frecuencia soy simple-
> mente incapaz de dárselas. Todavía estoy buscando yo
> misma esa base o fundamento. Es como si estuviera
> permanentemente sobre arena movediza.

Evidentemente, la crianza de los hijos suele ser un
acto de equilibrio, y resulta fácil errar en el lado de la
permisividad como en el lado del autoritarismo. Para
citar nuevamente a mi abuelo:

Algunos hijos son criados de una forma increíblemente libre y son, según mis estándares, extremadamente insolentes y mal portados. Pero pienso que demasiada libertad es mejor que el temor servil que hace que los padres de un niño sean los últimos a los que él acuda... Felices aquellos niños que tienen una madre en la que pueden volcar sus corazones y siempre cuentan con su comprensión, y un padre en cuya fuerza y lealtad están tan confiados que buscan su consejo y ayuda toda su vida. Mucha gente anhela ser tales padres para sus hijos, y podrían serlo si solo tuvieran suficiente sabiduría y amor.[3]

No sé qué hubiera hecho sin la confianza que mis padres nos dieron a mis hermanas y a mí, incluso cuando sé que muchas veces los frustramos o los decepcionamos. Más que distanciarse de nosotros por esos incidentes, o tomarlos de manera personal, mis padres los usaron en ocasiones para profundizar nuestra relación. Mi padre solía decirnos —y esto siempre se ha quedado grabado en mí— «Prefiero vivir confiando y ser traicionado que vivir un solo día con desconfianza».

No hay nada que acerque más íntimamente a un padre y a su hijo que esa lealtad. Y cuando recuerdo a los maestros que más influyeron en mi vida, veo el mismo patrón. Su reconocimiento de lo que estaba afectándome interiormente —incluso cuando no podía expresarlo— y su comprensión de una obra en marcha, me acercó a ellos en confianza y seguridad. Yo hubiera hecho cualquier cosa por ellos.

Es raro que los niños no puedan ser alcanzados en algún nivel; si no es por escucharlos y tratar de comprender la razón de su silencio, rebeldía o aflicción, al menos reconociendo su sufrimiento. Las reglas y prohibiciones rara vez ayudan. Tampoco las largas conversaciones, los interrogatorios y los intentos para hacer que el niño hable. Pero el respeto siempre está a la orden, porque casi siempre inspira a su vez respeto. Bárbara, una amiga de Gran Bretaña, recuerda:

Una vez, cuando estaba realmente desanimada y confundida, papá se tomó el día libre del trabajo y me llevó a un largo paseo por el bosque, después del cual comimos ya tarde el almuerzo en una posada. Él no trató de hacerme hablar y ciertamente tampoco intentó darme ninguna clase de consejo. Simplemente pasamos juntos el día. Pero nunca olvidaré ese día. Realmente me hizo sentir especial en mi interior.

Algún tiempo después atravesé por un periodo de verdadera depresión, y él compró dos entradas para una obra en un teatro de Londres. Solo éramos él y yo… Recordando después de todos estos años, estoy segura de que realmente nunca supo cuánto ni por qué sufría tanto en mi interior. También estoy segura de que nunca supo lo mucho que esas dos acciones todavía significan para mí.

Para cada niño y adolescente, el amor es la seguridad más grande que podemos darles. Como muestran los recuerdos de Bárbara, ni siquiera necesitan verbalizarse.

Aunque a veces, cuando se trata de la formación del carácter, las palabras son valiosas. Los mejores maestros son los que impulsan a los niños a preguntar «¿Por qué?» y «¿Qué puedo hacer?» Nunca antes ha sido más poderosa la presión hacia la uniformidad en nuestra sociedad. Todos están usando la misma ropa, comiendo en las mismas cadenas, leyendo las mismas revistas, mirando los mismos programas, hablando de los mismos escándalos de los famosos, los mismos desastres, los mismos acontecimientos políticos. Se nos ha hecho sentir que somos dueños de nosotros mismos, pero ¿todavía es posible pensar por nosotros mismos? Friedrich Foerster advierte:

Sin un ideal de carácter personal que nos fortalezca, caemos presa con demasiada facilidad de nuestros instintos sociales: esto es, nuestro temor a la gente,

nuestra ambición, nuestro deseo social de complacer,
y todos los demás instintos de las masas. La vida de
grupo, el tráfico de personas, la organización colectiva,
y la fuerza y expresión de la opinión pública se han
vuelto cada vez más grandes; mientras la organización
de la vida interior y personal se ha vuelto cada vez más
débil, y el verdadero individuo está sofocado en medio
de todo el individualismo.[4]

Si estamos verdaderamente comprometidos a
formar niños como individuos —a criar mujeres y
hombres jóvenes que tengan la fuerza para desafiar
la opinión popular— necesitamos creer en ellos. Los
niños que hacen más preguntas son los más adelan-
tados. Y nosotros mismos podemos acompañarlos
preguntando:«¿Por qué? ¿Por qué las cosas son como
son, y cómo podemos cambiarlas?»

Podemos ayudar a los niños a encontrar una causa
a la que puedan dedicar su energía. Cuando les ofre-
cemos la oportunidad de dar de sí mismos y crecer
más allá de sí mismos, comprenderán que de hecho
tienen algo que aportar. Se darán cuenta, como Victor
Frankl lo expresó, que la cuestión a preguntar no es
«¿Cuál es el significado de mi vida?» sino «¿Qué pide
la vida de mí?»[5] El mundo tiene una enorme necesidad
del cambio que ellos pueden aportar.

Criar niños conscientemente, pero dándoles libertad; protegiéndolos, pero animándolos al autosacrificio; guiándolos, pero preparándolos para navegar contra la corriente; todas estas paradojas se unen en el siguiente relato.

Cuando Uwe Holmer tenía 14 años, en 1943, el patriota adolescente era miembro activo de la juventud local de Hitler. Un día su madre encontró en su habitación un ejemplar de *The Black Corps*, la revista de la SS. Cuando Uwe llegó a casa, ella dedicó tiempo a hablarle y suplicarle que nunca se uniera a la SS.

«Pero, mamá, ellos son los soldados más fuertes. Pelean hasta el final», le dijo. «Sí, y son los que disparan contra los judíos y los presos políticos. ¿Esa es la clase de organización por la que quieres vivir y morir?», replicó su madre.

Uwe nunca olvidó su pregunta ni la expresión de su rostro. Un año después, cuando Alemania estaba desesperada en demorar la derrota, el ejército comenzó a aceptar a muchachos de 15 años para el servicio militar. Todos los cientos de muchachos en la división de la juventud hitleriana de Uwe se ofrecieron como voluntarios en la SS. Uwe se negó. El líder del grupo lo llamó y le ordenó unirse; sus documentos fueron completados de antemano para que los firmara. Aun así Uwe se negó. Luego fue humillado frente a toda la división y todos sus privilegios fueron revocados, pero se mantuvo firme. Como dijo posteriormente: «Estoy agradecido con mi madre... Su valor al confrontarme fortaleció mi convicción para vivir por lo que sabía que era lo correcto».

Después de la guerra, en Alemania Oriental, Uwe se casó, llegó a ser pastor y fundó una comunidad cristiana para adultos epilépticos y mentalmente discapacitados. Durante años, los Holmer sufrieron repetidamente el hostigamiento debido a sus actividades pastorales, especialmente bajo el gobierno comunista de Erich Honecker. Sin embargo, después de la caída del muro de Berlín en 1989, cuando Honecker renunció a su cargo como uno de los hombres más odiados de Europa, fueron Uwe y su esposa quienes recibieron al déspota enfermo, a pesar de las amenazas de muerte y las constantes y fuertes protestas afuera de su casa.

Para mí, lo más sorprendente de la historia de Uwe es su estricto apego a los hechos. Sí, él tuvo las agallas para desafiar a la autoridad en una época y lugar donde la desobediencia a menudo le costaba la vida a un hombre. Años más tarde, malentendido y ridiculizado, resistió a la opinión pública en defensa de un fugitivo

destrozado que no tenía adonde ir. Pero las acciones
de Uwe dicen mucho, tanto del poder de su formación
como de su heroísmo. Y mirando más detenidamente
la fuente de su valor, no vemos destrezas militares, lo
que vemos es amor, el de su madre y el de él mismo.[6]

Sin amor, la teoría educacional más sólida es inútil,
al igual que la filosofía más comprobada sobre la
crianza de los hijos. Janusz Korczak tiene una visión
sombría de los enfoques teóricos:

> Ningún libro, ningún médico es un sustituto de la
> propia contemplación sensible y las observaciones
> cuidadosas. Los libros con sus fórmulas ya elaboradas
> han entorpecido nuestra visión y disminuido nuestra
> mente. Al vivir de las experiencias, investigación y
> opiniones de otra gente, hemos perdido nuestra propia
> confianza y no somos capaces de observar las cosas
> por nosotros mismos. Los padres deben encontrar
> lecciones no de los libros, sino del interior de
> sí mismos.[7]

Este simple pensamiento debe resonar en todos los
padres y maestros. El plan de estudios más tenazmente
organizado de nada servirá para un niño que se siente
perdido, olvidado o rechazado. En cambio, el acto de
amor y confianza más pequeño puede ayudar a un
niño a atravesar el terreno más difícil.

Solamente en Estados Unidos existen miles, posiblemente millones, de niños que no reciben la ternura que cada uno merece. Quien vaya a dormir con hambre, solo y con frío, aunque viva en la casa de los padres que lo concibieron, sabe poco del amor y de la verdadera paternidad. A esto hay que añadir la cantidad de niños a quienes se les niega ese amor debido al cruel ciclo de pobreza y crimen que ha encerrado al padre o a la madre o a ambos tras las rejas.

Los daños que muy a menudo afectan la vida familiar pueden provocar que la gente sea fatalista sobre la forma en que son las cosas. Pero ¿por qué deben estos pesimistas tener la última palabra? Dorothy Day escribe:

> La sensación de inutilidad es uno de los mayores males de la época… La gente dice: «¿Qué puede hacer una persona? ¿Cuál es el sentido de nuestro pequeño esfuerzo?» No pueden ver que solo podemos poner un ladrillo a la vez, dar un paso a la vez; podemos ser responsables solo por una acción del momento presente.[8]

Esto trae a mi mente una imagen. Un cuarto oscuro lleno de gente, cada uno sostiene una vela apagada. Alguien entra con una vela prendida y comienza a encender las velas de los más cercanos a él. Cada persona enciende la vela de otra, compartiendo la luz. En cuestión de segundos, todo el cuarto está resplandeciendo.

Para mí, esta imagen refleja lo que los maestros hacen año tras año sin grandes alardes ni reconocimientos. Encienden velas que muy pronto se dispersan fuera de su vista. Un buen maestro se preguntará sobre el destino de cada luz, o dirá una oración para que en algún lugar todavía esté brillando. Tenemos que confiar en que esas luces sigan viajando hacia el exterior, y que cuando una vela se apague, alguna otra extienda su propia luz para prenderla nuevamente. Los padres pueden observar varias velas fuera de su vista. Los maestros se apartan de las luces de un año, y alistan su flama para el próximo. Esto implica enormes reservas de fuerza y amor.

Estoy envejeciendo, mi vida está llegando a su fin, pero todavía tengo el gran deseo de usar las fuerzas que me restan para ayudar a cualquier persona a mi alcance, especialmente a los niños. Trabajando en escuelas por más de 40 años, y aconsejando a muchas familias en problemas, así como a veteranos y presidiarios, he visto mucha tragedia y necesidad humana. Muy a menudo, las raíces de este sufrimiento comenzaron en la infancia.

En algunas de las situaciones más desesperadas, he visto a gente destrozada levantarse para resolver el pasado, pedir perdón por el dolor causado y a su vez perdonar el daño que les han hecho. Con frecuencia, luchan arduamente para perdonarse a sí mismos. A través de los años, es asombroso ver cuánta gente valiente ha superado la violencia, el abuso o el alcoholismo y les ha dado a sus hijos lo que no les fue dado a ellos.

Pero por cada historia con un final feliz, hay otra de desastre. Es como si nuestros brazos no fueron lo suficientemente fuertes para poner a salvo a esta gente, por más que tratamos de hacerlo. Sin duda ellos pudieron haber sido puestos a salvo mucho más fácilmente cuando eran niños, si hubiera llegado alguien para hacerlo.

Si tan solo con una fracción de nosotros estuviéramos dispuestos a comprometernos con nuestra energía y tiempo para ayudar a un niño en peligro, muchos podrían salvarse. Como cada obra de amor, aun la más pequeña, el acto más insignificante nunca será en vano. Tan pequeño como pudiera ser en sí mismo, junto con otros tiene el poder para cambiar el mundo.

De todo lo que podría definir la infancia, una cosa
es segura: es el lugar de reunión de los primeros y
más imborrables recuerdos de la vida, el marco inalte-
rable para todas las experiencias que nos acompañan
a través de la existencia. Por tanto, al final de cuentas,
la tarea de criar a los hijos no es solo cuestión de una
paternidad y maternidad efectivas, y mucho menos de
visiones, teorías o ideales educativos. Se trata, primero
y ante todo, del amor que les damos, el cual tiene el
poder de despertar más de lo mismo, aun en los años
por venir. Como Dostoievski nos recuerda en las
páginas finales de *Los Hermanos Karamazov*:

> Debes saber que no hay nada más noble, más fuerte
> y más sano para la vida en el futuro que algún buen
> recuerdo, especialmente el recuerdo de la infancia,
> del hogar. La gente te habla grandes cosas sobre la
> educación. Pero algunos buenos y sagrados recuerdos
> preservados desde la infancia, son quizá la mejor
> educación. Porque si un hombre tiene solo un buen
> recuerdo que queda en su corazón, aun ese puede
> apartarlo del mal… Y si lleva muchos recuerdos
> semejantes en su vida, estará a salvo por el resto de
> sus días. [9]

Sobre el autor

    Muchas personas han encontrado valiosos consejos de parte de Johann Christoph Arnold, galardonado autor con más de un millón de ejemplares de libros impresos, en más de 20 idiomas.

    Destacado conferencista y escritor sobre matrimonio, crianza de los hijos, educación y senectud, Arnold es pastor principal del Bruderhof, movimiento de comunidades cristianas. Junto con su esposa Verena ha aconsejado a miles de personas y familias durante más de 40 años.

El mensaje de Arnold ha tomado forma a partir de encuentros con grandes pacificadores como Martin Luther King Jr., la Madre Teresa, Dorothy Day, César Chávez y Juan Pablo II. Junto con Steven McDonald, un oficial de policía paralítico, Arnold comenzó el programa Breaking the Cycle (Rompiendo el ciclo), trabajando con estudiantes en cientos de escuelas públicas preparatorias para promover la reconciliación a través del perdón. Este trabajo también lo ha llevado a zonas de conflicto, desde Irlanda del Norte y Ruanda hasta el Oriente Medio. Muy cerca de su casa, sirve como capellán en el departamento de policía local.

Arnold nació en Gran Bretaña en 1940, hijo de refugiados alemanes, pasó sus años de infancia en América del Sur, donde sus padres encontraron asilo durante la guerra; y emigró a Estados Unidos en 1955. Él y su esposa tienen ocho hijos, 44 nietos y un bisnieto. Todos viven en la zona norte del estado de Nueva York.

Reconocimientos

Docenas de personas ayudaron en la producción de este libro. Doy las gracias especialmente a mi esposa Verena, quien incansablemente leyó y releyó el manuscrito, página tras página. Sin su talento para la captura de errores que todos los demás pasaban por alto, hubiera sido un libro inferior.

Agradezco a mis secretarias, investigadores, editores y correctores: Emmy Maria Blough, Hanna Rimes, Maureen Swinger, Else Blough, Trevor Wiser, Rhonda Johnson, Derek Zimmerman, y Sara Winter.

Finalmente, quisiera expresar mi aprecio a todos los que me permitieron incluir sus historias personales en este libro. Se necesita valentía para hablar de tiempos difíciles. Que la sabiduría que han compartido ayude a otros a lo largo de su camino.

Notas

Capítulo 1: El mundo necesita niños

1. Franklin D. Roosevelt: *White House Conference on Children in a Democracy*. Washington, D.C., Discurso radial del 19 de enero del 1940.

2. Dr. S. K. Paul, ed.: *The Complete Poems of Rabindranath Tagore's Gitanjali. Texts and Critical Evaluation*. Nueva Delhi, India, Sarup & Sons, 2006, 372.

Capítulo 2: El juego es el trabajo de los niños

1. James Hughes: *Froebel's Educational Laws for All Teachers*. Nueva York, D. Appleton, 1897, 102.

2. Edward Miller y Joan Almon: *Crisis in the Kindergarten. Why Children Need to Play in School*. College Park, MD, Alliance for Childhood, 2009, 11.

3. Valerie Strauss: «Kindergarten Teacher: My Job Is Now About Tests and Data – Not Children. I Quit», Washington Post, (23 de marzo del 2014).

4. Maggie Dent: «We Must Stop Stealing Childhood in the Name of Education», *Teachers Matter*, 1a. edición, 2014.

5. Para más información sobre la educación en Finlandia ver Tom Burridge: «Why do Finland's Schools Get the Best Results?», *BBC World News America*, (7 de abril del 2010).

6. Friedrich Froebel: *The Education of Man*. Nueva York, D. Appleton, 1900, 55.

Capítulo 3: Grandes expectativas

1. Katie Hurley: «Stressed Out in America: Five Reasons to Let Your Kids Play», *Huffington* Post, (28 de febrero del 2014).

2. Jeff Yang: «Tiger Babies Bite Back», *Wall Street Journal*, (14 de mayo del 2013).

3. Sitio de internet del escritor y conferencista Paul Tough: http://www.paultough.com/about-paul/qa, *How Children Succeed*, Q&A: «How did writing this book affect you as a parent?»

4. Friedrich Foerster: *Hauptaufgaben der Erziehung*. Friburgo, Alemania, Herder, 1959, trad. por Plough Publishing House.

5. Jessica Lahey: «Why Parents Need to Let Their Children Fail», *Atlantic*, (29 de enero del 2013).

6. Naomi Schaefer Riley: «Dads: The Antidote to Helicopter Parenting», *New York Post*, (5 de mayo del 2014).

7. Jane Tyson Clement: *No One Can Stem the Tide. Selected Poems*. Nueva York, Plough Publishing House, 2000, 39.

Capítulo 4: Salir de la pantalla

1. Graeme Paton: «Infants Unable to Use Toy Building Blocks Due to iPad Addiction», *Telegraph*, (30 de mayo del 2014).

2. Kim John Payne: *Simplicity Parenting. Using the Extraordinary Power of Less to Raise Calmer, Happier, and More Secure Kids*. Nueva York, Ballantine Books, 2010, 173.

3. Matt Richtel: «A Silicon Valley School That Doesn't Compute», *New York Times*, (22 de octubre del 2011).

Capítulo 5: Niño material

1. Sobre estadísticas de la mercadotecnia en los medios ver D.G. Singer & J. L. Singer, eds.: *The Handbook of Children and the Media*. Thousand Oaks, CA, Sage, 2000, 375–393.

2. Jeffrey J. Froh y Giacomo Bono: *Making Grateful Kids. The Science of Building Character*. Templeton Press, 2014, extracto de la descripción del libro.

3. Hattie Garlick: «Successful Parenting Without Spending Money: a Mother's Story», *Telegraph*, (5 de agosto del 2013).

Capítulo 6: Acciones, no palabras

1. Marcy Musgrave: «Generation Has Some Questions», *Dallas Morning News*, (2 de mayo de 1999).

2. Fyodor Dostoyevsky: *The Brothers Karamazov*. Nueva York, Random House, 1950, 383. Existen varias traducciones y versiones al español de Los Hermanos Karamazov, publicadas por editoriales españolas e hispanoamericanas. Aunque el traductor ha consultado varias, decidió usar su propia versión de las citas en inglés. En adelante, a menos que se indique lo contrario, se ha traducido del

inglés las citas de las obras que han sido previamente traducidas al español.

3. Barbara Kingsolver: «Either Life is Precious or It's Not», *Los Angeles Times*, (2 de mayo de 1999).

4. Malcolm X: *The Autobiography of Malcolm X*. Nueva York, Ballantine Books, 1987, 411.

5. Trent Toone: «Ravi Zacharias Discusses the Bible, His Life, Families, and Religious Freedom», *Deseret News*, (18 de enero del 2014).

Capítulo 7: Guía para crecer

1. Dorothy Law Nolte: *Children Learn What They Live: Parenting to Inspire Values*. Workman Publishing, 1998, vi. Hay trad. al español: Dorothy Law Nolte y Rachel Harris: Cómo inculcar valores a sus hijos. Los niños aprenden lo que viven. Barcelona, Plaza & Janes, 19992. Además, existen varias traducciones del poema, que han circulado por diversos medios y en distintas versiones.

2. Betty Jean Lifton: *The King of Children. The Life and Death of Janusz Korczak*. Nueva York, St. Martin's Press, 1997, 80.

3. Anthony Bloom: *Beginning to Pray*. Mahwah, NJ, Paulist Press, 1970, 5.

4. The Editorial Board: «Giving Up on Four-Year-Olds», *New York Times*, (26 de marzo del 2014).

Capítulo 8: En honor a los niños difíciles

1. Para las estadísticas sobre el uso de Ritalín ver: http://www.pbs. org/wgbh/pages/frontline/shows/medicating/drugs/stats.html.

2. Tomada de una entrevista de Peter Breggin con el epidemiólogo Michael Savage, publicada en NewsMax.com. (29 de marzo del 2000).

3. Video en YouTube: Temple Grandin: «The World Needs All Kinds of Minds».

4. Carl C. Gaither y Alma E. Cavazos-Gaither, eds.: *Gaither's Dictionary of Scientific Quotations*. Nueva York, Springer, 20122, 483, 1956.

5. Thomas Lickona: *Raising Good Children*. Nueva York, Bantam Books, 1994, 125.

6. Steven McDonald, detective del Departamento de Policía de la ciudad de Nueva York y orador en el programa de Breaking the Cycle, presentó por primera vez este documento «You Are Very Special» (Tú eres muy especial) a nuestro personal. El texto original fue escrito por un grupo de estudiantes.

Capítulo 9: Descubriendo la reverencia

1. Herman Hesse: Vivos Vocos, (marzo de 1919), traducida y citada por Eberhard Arnold en *Salt and Light*. Nueva York, Plough Publishing House, 1997, 48.

2. Diane Levin: *Beyond Remote-Controlled Childhood. Teaching Young Children in the Media Age*. Washington DC, NAEYC, 2013, 16, 37. Derechos reservados © 2013 National Association of the Education of Young Children®. Reimpreso con permiso.

3. Helen Handley y Andra Samelson, eds.: *Child: Quotations about the Delight and Mystery of Being a Child*. Nueva York, Penguin Books, 1990, 74.

4. Eberhard Arnold: *Children's Education in Community*. Nueva York, Plough Publishing House, 1976, 13–14.

5. Erich Maria Remarque: *The Road Back*. Fawcett Publishing, 1998, 252–255.

6. Gordon, Mary: *Roots of Empathy. Changing the World, Child by Child*. Toronto, Thomas Allen Publishers, 2005, 5–6.

7. Stanley Vishnewski, comp.: *Dorothy Day. Meditations*. Newman Press, 1970, 10.

Capítulo 10: El mañana llega

1. Kahlil Gibran: *The Prophet*. Eastford, CT, Martino Fine Books, 2011, 26. Existen varias traducciones y ediciones de El profeta en español. La cita se ha traducido y cotejado con algunas de ellas.

2. Eberhard Arnold: *Children's Education in Community*. Nueva York, Plough Publishing House, 1976, 23.

3. Eberhard Arnold, de una carta sin fecha (probablemente de octubre de 1908?) a su prometida Emmy von Hollander, trad. por Plough Publishing House.

4. Friedrich Foerster: *Hauptaufgaben der Erziehung*. Friburgo, Alemania, Herder, 1959, trad. por Plough Publishing House.

5. Viktor Frankl: *The Doctor and the Soul: from Psychotherapy to Logotherapy.* Vintage, 1986, xxi.

6. La historia de Uwe Holmer ha aparecido en libros, revistas y en Internet. Las citas directas fueron traducidas de Thomas Lackmann: «Beim Abschied umarmten wir uns» (una entrevista con Uwe Holmer), *Der Tagesspiegel,* Beilage Weltspiegel Nr. 16860.

7. Janusz Korczak: *Loving Every Child.* Wisdom for Parents. Nueva York, Workman Publishing, 2007, 1.

8. Dorothy Day: *From Union Square to Rome.* Preservation of the Faith Press, 1938, 127.

9. Fyodor Dostoyevsky: *The Brothers Karamazov.* Nueva York, Random House, 1950, 938.